横田一の現場直撃 I

安倍・小池政治の虚飾

——コロナ・カジノ・災害対応——

緑風出版

目次

横田一の現場直撃1

安倍・小池政治の虚飾――コロナ・カジノ・災害対応

第2章　「カジノのたぬき」こと小池知事は再選後にカジノ誘致表明確実──67

第3章　「緑のたぬき」小池知事は政権交代のチャンスを逃す──83

第4章　虚像演出の北海道知事選　

第7章「桜を見る会」の選挙民買収疑惑 185

第8章 政権交代への道と山本太郎れいわ新選組代表 191

第1章　新型コロナ〝口先対策〟の安倍首相と小池都知事

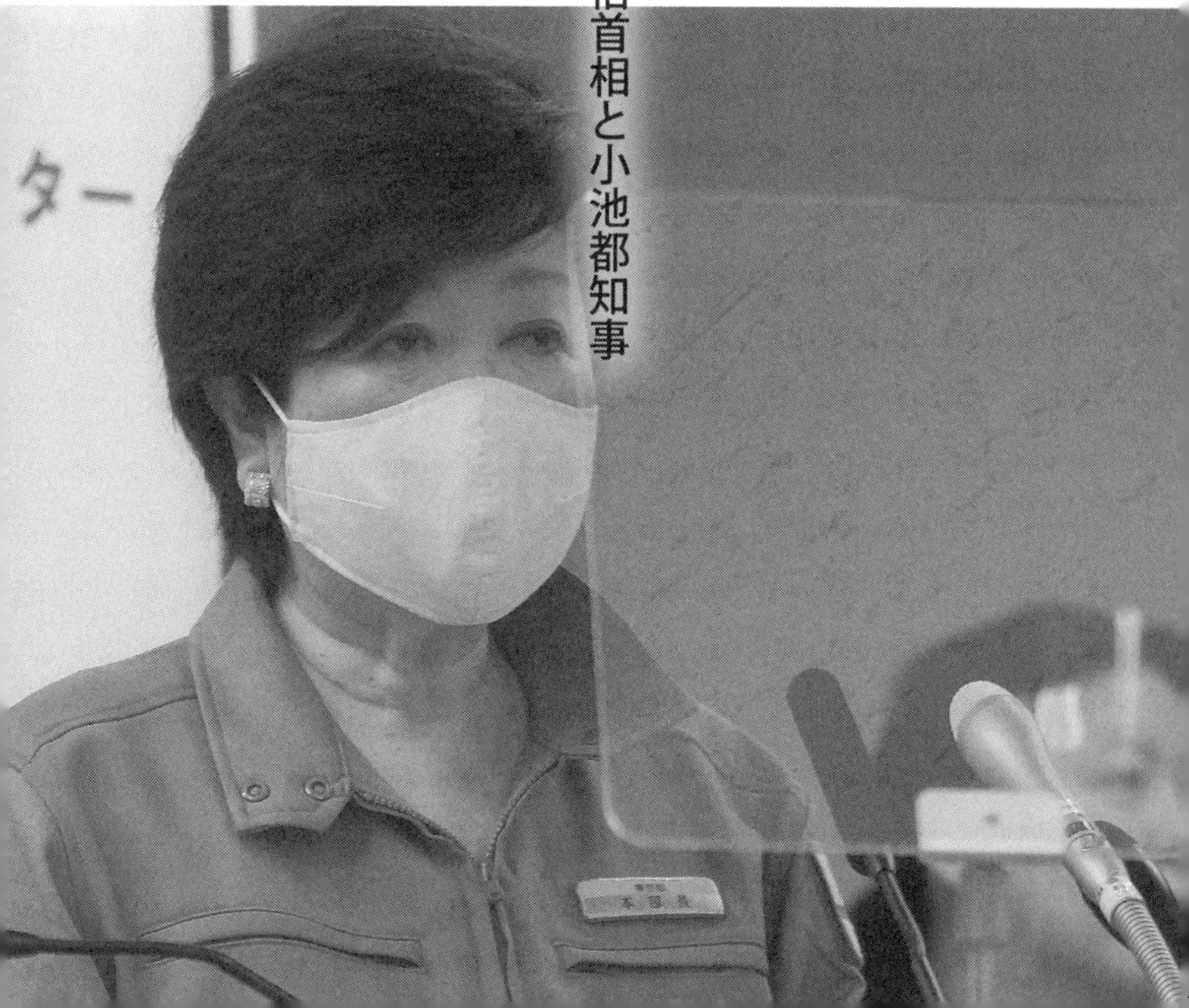

1 「コロナのたぬき」こと小池都知事の大変身：〝口先対策〟や隠蔽改竄

質問者として指されない〝記者排除〟への抗議を込めた声掛け質問

新型コロナウィルス対策でメディア露出急増の小池百合子都知事に指されない〝記者排除状態〟が一七回目の新記録更新をした二〇二〇年四月一〇日、私は会見終了直後に大声で叫ぶ声掛け質問をした。お気に入りの記者が優先的に指される〝談合ヤラセ会見〟への抗議も込めて、こんな質問をぶつけたのだ。

「知事、（感染拡大防止）協力金五〇万円、少なすぎるのではないか。イギリスは三〇〇万円（後述）ですよ。こんな額では店、閉められないのではないか。もっと手厚い休業補償、安倍総理に求めなかったのか。怠慢ではないか」

これにネットはすぐに反応。「小池知事会見　大声野次にネット騒然」と銘打った四月一〇日一五時配信のデイリースポーツの記事は、ネット上の否定的反応を次のように紹介したのだ。

「（声掛けをした）この場面にネットは騒然とし、『誰？』『記者なの？』『不快』『感じ悪い』『気持ちをざらっとさせられますよね』『悲しくなった』との投稿が相次いだ」。

三〇秒にも満たない声かけ質問では私の真意が十分に伝わらず、「不快」な「野次」にしか聞こえなかったのだろうが、この会見での〝問題提起〟のきっかけになったのは、四月四日のＮＨＫスペシャルで山中伸弥教授が英国の手厚い経済支援策について語ったことだった。

「緊急事態宣言がもし出ますと、いま自主的判断に任されている飲食店の営業を強制的に休んでもらうことが想定されると思うが、そうなってくると補償、安心して休めるのかが大切だと思う。イギリスで飲食店を営業している友達が二週間前から休業をしているが、先日、政府から三〇〇万円位、政府から振込まれた。従業員の給与も次の三カ月は八割も補償されている。法人税は一年間払わなくてもいいのだと」

日本と雲泥の差がある英国の支援策を語った上で山中氏は、政府の「対策専門家会議」の副座長である尾身茂・自治医科大学名誉教授に「日本もそういう手厚い補償がなされるのか」と問いかけると、賛同する回答が返って来た。「国の責任として（営業自粛）要請をするのだったら、同時に経済的な支援をする。実は（新型インフルエンザ等）特措法の法律には経済支援をする部分が入っていない。だから法律の世界を超えた政治的な決断、リーダーシップが非常に重要で、ただ一方的に要請をしても実行が伴わない。経済的な支援をすることがカップルになってやらないと実行性が上がらないと思います」

しかし日本では、四月七日に緊急事態宣言を発令した安倍首相もそれを受けて実施内容を盛込む緊急事態措置を決めた小池知事も、口先で自粛を呼びかけはしていたが、英国のような手厚い補償を約束してはいなかった。日銭で営業している飲食店が一斉に休業に踏み切れないのはこのためだ。

両者の注意喚起の空念仏ぶり（実効性のなさ）を物語る光景を、「麻布十番」（東京都港区）で目の当たりにしてもいた。安倍首相が発令の意向を明らかにした四月六日も、発令が発表された翌七日も、感染をして亡くなった志村けんさん行きつけのガールズバー「J」は営業、盛況を呈していたのだ。安倍首相は「人と人との接触を八割削減なら一ヶ月で緊急事態脱出できる」と早期収束の見通しを語ったが、勇ましい政治的スローガンとは無縁の繁華街の現実（感染者が常連客だった店の営業）という凄まじいギャップは、国や都の新型コロナウィルス対策の空疎さの産物に違いない。「やっている感」演出の政治ショーだけでは、感染拡大を抑え込むことは困難なのだ。

今回の緊急事態宣言の致命的欠陥は、自粛要請と手厚い損失補填（休業補償）がセットになっていなかったことだ。日銭で営業している飲食店が一斉に休業に踏み切れないのはこのためだが、そんな中で志村さんは三月上旬まで銀座などに通っていたという。「『コロナで客が来なくなっても俺が来る！』と夜の銀座・六本木へ」（二〇二〇年三月三一日の東京スポーツ）には、こんな芸能関係者のコメントが紹介されていた。

「志村さんは昔から『銀座で飲むために結婚しない』というほど〝銀座愛〟があった。お祝いの会などもわざわざ銀座でやって、お金を落としてくれていた。店ではコロナの話題も当然出るのですが、〝コロナで客が来なくなっても俺が来る！〟と話していたほどでした」

発症直前まで夜の街で飲み歩いて三月二九日に亡くなった志村けんさんを死に追いやったのは、外出自粛要請だけで営業補償をしない安倍首相と小池百合子知事の怠慢コンビだったのではないか。即断即決で安倍政権（首相）や小池知事が営業自粛と補償をセットにするると強調するなどイギリス並みの手厚い支援策を発表、すぐに実行に移していれば、飲食店は安心して休業できたはずであるからだ。

しかし両者とも「やっている感」演出の会見（政治ショー）には熱心だが、具体的な支援策はすぐに語らなかった。そんな中で、お客さんが減っても店を閉められない夜の街に志村さんが通い続ける中、感染をして命を落としてしまったのだ。行政の職務怠慢で生じた繁華街の苦境を見て見ぬふりをすることができず、何とか支援したいという心意気が仇になった形。冒頭の四月一〇日の会見で小池氏に手厚い休業補償について声掛け質問をしたのはこのためだ。

五輪延期決定前後も大変身――〝連続放火犯〟が消防署長に化けた⁉

三月二三日に東京五輪延期が正式決定された際にも、小池氏の変わり身の早さを実感した。「五輪ファースト・国民（都民）二の次」で安倍首相と足並みをそろえる小池氏は三連休明けの三月二三日、五輪開催への見通しを一変させた。三連休前の三月一九日の記者会見では、幹事社から「延期論が頭の中にあるのか」と聞かれても小池氏は「具体的にどうこうという段階ではない」と答えるだけ。その後も関連質問が相次いだが、「（延期などの判断時期は）答えるタイミングではない」と具体的回答を避けた。

私も手をあげ続けたが、小池氏は三四分で会見終了を宣言、一〇回指名なしの記録を更新した差別的対応への抗議を兼ねて声をかけた。「知事、もっと長くやりましょうよ。五輪（開催）ありきでいいのか。中止しなくていいという根拠はあるのか。専門家から聞いたのか」「安倍総理と密約でもあるのか。情報隠蔽ではないか」

根拠も示さずに「五輪開催ありき」を繰り返す姿勢を問題視したのだが、三月二三日に安倍首相が参院予算委員会で延期止むなしと答弁すると、小池氏も手の平を返したように延期容認で足並みをそろえた。しかも、その日に臨時会見を開いた小池氏は、「ロックダウン（首都封鎖）の可能性がある。何としても避けなければならない」といったインパクトのある言葉を使って、爆発的感染拡大になりかねない危機的状況を口にしながら、都民に協力を呼びかけ始めたのだ。

そんな変わり身の早さに驚きながら私は、三月二三日の会見終了直後に声掛け質問をした。

「知事、中野ドコモコールセンターの集団感染について一言、なんで地名を公開しないのか。中野区に隠蔽要請していると聞いていますよ。ドコモは五輪のスポンサーだから公開しないのか。（「都内」としか書かなかった）毎日新聞にも圧力をかけたのか。（中野駅）北口商店で（濃厚接触者来店で営業自粛のガーズルバーが）消毒されているではないか。なぜ隠蔽するのか。なぜ都のホームページに公開しないのか。隠蔽じゃないですか。透明化はどうしたのか」。

三月一九日付の毎日新聞は、ドコモコールセンターでの集団感染の疑いを次のように報じていた。

「（三月一九日に感染確認された）二〇代の女性会社員は、都内のNTTドコモのコールセンターで勤務していた。NTTドコモによると、このコールセンターでは一八日までに八人の感染が確認されており、都は、感染者集団『クラスター』が発生している可能性があるとみて調査している」

しかし記事には「中野」とは書いておらず、都が発表している「都内コロナウイルス陽性患者」の一覧表にも「居住地　都内」としか記されていなかった。

しかも、同じ北口商店街にある近くのガールズバーは濃厚接触者来店で八日間（三月一九日から二六日）の営業自粛をしており、消毒作業が三月二一日夜に行われていた。ドコモコールセンターの男性社員がガールズバーに行った場合、あるいは同社で昼間働いた女性社員がガールズバーで夜勤（ダブルワーク）をしていた場合などが考えられるが、だからこそ、東京都や中野区は中野駅北口のオフィスビルとガールズバーの所在地を公表、周辺住民に感染リスクを知らせることが、感染経路追跡と濃厚接触者検査のために不可欠だ。こう考えて声掛け質問をしたのだ。

毎日新聞の報道から一二日後の三月三一日になってＮＴＴドコモはようやく、感染者が一〇名であることとコールセンターの住所が「中野区中野４－10－２　中野セントラルパークサウス７Ｆ」であることを公表した。しかし同社の報道発表資料を見ると、検査実施者は全従業員約六〇〇名の一〇分の一の六〇名にすぎず、感染経路についても「主な感染スポット・職場外での社員同士のプライベートな活動によるもの」とも記載するだけで不十分な内容だった。職場での集団感染を否定するのなら、どんな「プライベートな活動」であったかの具体的な情報、例えば、私的な宴席を持った日時や店名や住所などを明らかにすることが不可欠なはずだ。

しかし公表された報道発表資料には、感染経路に関する肝心要の情報が記載されておらず、近くのガールズバーとの関連性についての記述も抜け落ちていた。ＮＴＴドコモは、地域住民への感染拡大を防ぐという企業の社会的責任を放棄したと言われても仕方がないだろう。

情報公開不足（説明責任放棄）という点では東京都も同罪だ。「感染経路を明らかにし、感染者が訪れた飲食店などの所在地や訪問日を公表、接触をして感染した恐れのある人たちを片っ端から検査をしていく」というのが感染拡大防止の鉄則だ。しかし「透明化」を掲げて都知事選で圧勝した小池知事は、今回のコロナ対策では「言行不一致」「公約違反」としか言いようがない対応をしていたのだ。

対照的な地方自治体の対応があった。「新型コロナ、店名公表ライブハウスに補償　大阪知事」と題する四月一日の時事通信の記事には、お手本となる大阪の事例が紹介されていた。

「大阪府の吉村洋文知事は一日の定例記者会見で、新型コロナウイルス感染拡大防止に向けた要請に協力した民間事業者に補償を行う『インセンティブ制度』を導入する考えを明らかにした。集団感染が発生し、府の要請で店名を公表した大阪市内四カ所のライブハウスを念頭に置いている。府内では三月初旬にライブハウスでの集団感染が発覚したが、府の要請に応じて店名を公表したため参加者の申告が相次ぎ、まん延防止につながった」

熊本市の対応も、隠蔽体質の東京都が見習うべきものだった。同市のHPには「三月二五日以降に以下の飲食店を利用された方へ」と銘打って、こんな呼びかけをしていた。

「感染患者が営業、従事されていた飲食店を、感染拡大防止のため以下のとおり公表します。感染者の方が発症された三月二五日（水）から二九日（日）の間に当該店舗を利用された方は、帰国者・接触者相談センターへご連絡ください。

対象飲食店
・熊本市中央区下通　馬料理 二代目天國
・熊本市西区二本木　馬料理 天國本店
※同店舗は、感染の拡大を防ぐために施設名の公表を了承されました」

こうした大阪府や熊本市での取り組みを、東京都は徹底するべきだったのだ。

感染拡大を招いた小池知事の職務怠慢

日刊ゲンダイや週刊文春や週刊新潮など多くのメディアが問題にしたのは、小池氏が花見シーズンでもあった三月の三連休中の外出自粛を要請しなかったことだ。大阪府と兵庫県が府県間移動の自粛と呼び掛けたのとは対照的な楽観的対応をした結果、翌月の都内での感染者増大の大きな原因となったと見られているのだ。このことは大阪や兵庫での同時期の感染者数が東京より少ないことからも明らかで、両府県と東京都での違いは、「予定通りの五輪開催可能」という楽観的な立場を取っていたため、悲観的な見方に基づく外出自粛要請を発しなかったのではないかと疑われているのだ。

また仁坂吉伸・和歌山県知事が安倍政権の方針に従わず、ＰＣＲ検査を徹底的に進めて感染拡大防止に成功したことと見比べても、小池氏の職務怠慢は明らかだ。五輪開催で安倍政権（首相）と足並みをそろえた同調姿勢もまた、感染拡大の一因になった可能性は極めて高いといえるのだ。

しかし小池氏は五輪開催延期が決まった途端、外出自粛要請の遅れやＰＣＲ検査数抑制などで感染拡大を招いた自らの職務怠慢を棚に上げる一方、頻繁に会見を開いて「ロックダウン」「オーバーシュート」といった強い言葉を発して感染拡大防止の〝火消し役〟としてメディア露出を繰り返した。「マッチポンプ」とはこのことで、連続放火犯が消防署長になったのに匹敵するほどの大変身を小池氏は瞬く間に成功させたようにもみえたのだ。

ただし私に限らず都知事会見に出席している記者なら誰でも、瞬間芸のような大変身ぶりを目の当たりにしていた。日刊ゲンダイの記者は三連休前後での豹変ぶりについて四月六日の臨時会見（都職員が質問者を指名）で質問、三連休中に都が外出自粛要請をしなかったことを問題視する記事も出した。

都政の不都合な真実について問い質された小池氏は、直後の臨時会見から自らが指名する方式に変更した。都政記者クラブ以外の某記者は「日刊ゲンダイの記者の質問がきっかけになったとしか考えられない」と見ていたが、それまでの〝都職員指名方式〟では〝お気に入り記者〟以外を指してしまうリスクがあるため、毎週金曜日の定例会見と同じ〝知事指名方式〟に変えて記者選別（排除）を徹底させたというわけだ。

小池氏は会見回数を急増させてメディア露出を増やすと同時に、甘い質問ばかりとなる〝談合ヤラセ会見〟を繰り返して「やっている感」を演出、その一方で不都合な真実を隠蔽改竄するブラックボックス化にも励んでいたといえる。

都立墨東病院のマスク不足を隠蔽改竄の大嘘発信

「医療崩壊を招いた〝A級戦犯〟が医療関係者を励ます〝指揮官役〟に大化けをした。『コロナのたぬき』と呼ぶのがぴったりではないか」

こんな疑問が湧いたのは、小池知事会見で指されない〝記者排除〟記録を二一回へと更新した二〇二〇年四月二三日と二四日。両日とも会見終了直後に声かけ質問、緊急救命受け入れ中止をした「都立墨東病院」（墨田区）をめぐる大嘘について次のように問い質した時のことだ。

〈四月二三日の都知事会見後の声かけ〉

――知事の隠蔽改竄が墨東病院の医療崩壊の原因ではないか。ずっとマスク不足だったのに「マスク確保」と大嘘の発信をしたではないか。（都のＨＰで「マスク確保」と発信をした）都病院経営本部の責任はないのか。嘘八百ではないのか。

小池知事（無言のまま立ち去る）

〈四月二四日の都知事会見後の声かけ〉

――知事が見殺しにした墨東病院、ずっとマスク不足だったのに「マスク確保」と大嘘発信をしたではないか。都の隠蔽体質が医療崩壊を招いたのではないか。

小池知事（無言で立ち去ろうとし始めた途端、都職員がマイクで「会見は終了しました」と繰り返し叫び、声かけ質問を聞こえにくくした）

都立墨東病院は、多くの新型コロナウィルス感染者を受入れてきた感染症指定医療機関で、三次救急医療（重症〜危篤）も担ってきた地域の中核病院だ。医療ジャーナリストの伊藤隼也氏は四月一八日のツイッターで、「一カ月以上前からマスク枯渇訴えてきた墨東病院が院内感染で新規受け入れ中止」「都は見殺しにした」と都の対応を問題視。福山哲郎幹事長（立憲民主党）が三月二日の参院予算委員会で加藤勝信厚労大臣らに配布したマスク不足を訴える文書（伊藤氏が福山氏に提供）も添付した。

そして翌一九日のツイッターで、こう批判した。

「こんな体制で一カ月も続ければ（墨東病院で）院内感染が出ないわけがない。国会で福山議員が加藤厚労大臣に、（先の配布文書にある）この写真を見せてマスク不足解消を迫ったが、全マスコミは墨東病院の窮状と東京都のマスク不足無しという大嘘を看過した」

クルーズ船の実態を告発した岩田健太郎教授と電話会議をした原口一博・国対委員長（国民民主党）は二〇二〇年四月二〇日の会見で、こう述べた。

「（都立墨東病院は）日本に冠たる病院です。その病院が外来や手術を諦めなければならないことがどれほどのことかを政府の人たちや東京都の人たちには考えていただきたい。『都立墨東病院にどれだけの支援をしたのか。その医療従事者の方々にどれだけの支援をしたのか。口では言っているが、本当に見離しているのではないか』という声を、この土日で沢山いただきました」。

都立墨東病院が院内感染で緊急救命受入を中止したのは二〇二〇年四月一一日だが、国会審議の四日後の三月六日に都病院経営本部はホームページで「診察に必要な医療用マスクを確保しています」とマスク不足を否定していた。医療現場の悲鳴（ＳＯＳ）を受止めて有効策を打つ代わりに、危機的状況を隠蔽改竄したといえる。しかし、この大嘘発信を全マスコミは見逃してしまったと伊藤氏はツイッターで指摘したのだ。

たしかに小池都知事会見でよく指名されるマスコミの記者は、都の大嘘（マスク不足無し）を一度も質問することはなかった。指名なし（〝記者排除〟）記録更新中の私が、小池氏が見殺しにした墨東病院のマスク不足について二回連続で声かけ質問をしたのはこのためだ。

しかし小池氏は、都病院経営本部の隠蔽改竄について訂正も謝罪もせず、「大嘘」と叫んだ私の声かけ質問を都職員のマイク音声でかき消そうともした。自らの怠慢が招いた不都合な真実を、徹底的に隠蔽改竄する姿勢が透けて見えるのだ。

医療関係者からの情報提供を元に声掛け質問

「排除」発言を引き出した二〇一七年九月二九日以降、小池氏に一度も指されなかった私が再び都知事会見に通い始めたのは二〇一九年一二月二七日。きっかけは、「再選後に小池氏は必ずカジノ誘致表明をする」と見る元改革派経産官僚の古賀茂明氏の〝東京本命説〟だった。これ以降、「京都市長選」（二〇二〇年二月二日投開票）の取材をしていた一月三一日を除いて都知事会見に欠かさず参加、声掛け質問を毎回続けてきた。そして〝記者排除（質問権はく奪）〟六回目の二月一四日から、質問内容をカジノから新型コロナウィルスに変えると、「会見でぶつけて欲しい」という医療関係者からの情報提供が相次ぐようにもなったのだ。

都立墨東病院については二〇二〇年三月三〇日の臨時会見では、こんな声掛け質問をした。

「知事の怠慢で（都立）墨東病院、（一時的な緊急）外来中止になったのではないですか。『（緊急外来を）対策なしで開けろ』と言ったのか。なんで軽症者を転院させないのですか」。

この時も医療関係者からの情報提供を受けて、第一種感染症指定医療機関である都立墨東病院を三月二九日夜に訪れていた。すると、緊急外来中止の告知文書が一時的に貼られた後、すぐに剥がされたことを確認できた。医療関係者がその内情を教えてくれた。

「感染者受入でキャパオーバー寸前の墨東病院が緊急外来を三月二九日夜に一時中止したが、すぐに都が撤回を指示して貼り紙が剥がされたのです。医療崩壊寸前の状況を隠蔽したとも言えますが、軽症者転院などの対策を打っていたわけではなかった」。

多くの感染者を受入れてきた都立墨東病院でも四月一五日に四人の感染者が確認され、院内感染が明らかになった。マスク不足に加えてキャパオーバーにも陥るという過酷な状況を訴えた病院側のSOS（緊急外来中止）に対して、都は有効な対策を打たないまま〝不都合な真実〟を隠蔽するだけで事足りた。これも小池都政の職務怠慢が招いた人災といえるだろう。

その一方で小池氏は、厚顔無恥としか言いようがない発言もしていた。四月二四日の会見では「世界各地では医療従事者に対して、一定の時間に拍手をみんなで贈るというようなキャンペーンなども行われている。東京都でも、先日も（都庁などの）ライトアップによりブルーを示すことによって、医療従事者の皆さんへのエールを送っているところです」と語りかけていたのだ。

正直言って唖然とした。私の目には、都立墨東病院の医療崩壊を招いた〝A級戦犯〟が自らの怠慢を恥じることなく、医療従事者を励ます〝指揮官役〟に大変身したように映ったからだ。「コロナのたぬき」と呼ぶのがぴったりだと思ったのはこのためだ。

二〇一七年九月二九日の都知事会見での私の質問に対し「（公認申請をした民進党衆院議員を）排除いたします」と明言した小池氏は、憲法改正と安保法制容認を〝踏み絵〟にする右旋回をしたことから「緑のたぬき」と呼ばれた。元環境大臣だった小池氏のシンボルカラーがグリーンであることと、安倍政権打倒の旗印が詐欺的だったことが合体して産まれたネーミングだったが、今回のコロナ対応でも小池氏の外面と中身のギャップの大きさが露わになり、新たな「コロナのたぬき」という異名を思いつくことになったのだ。

パフォーマンス先行で医療崩壊回避対策も不十分

メディアに露出することには熱心だが、自らの職務遂行には不熱心な小池氏の〝口先対応〟は、都内で四一名の感染確認を受けて開かれた二〇二〇年三月二五日の臨時会見でも同じだった。ここで小池氏は「感染拡大　重大局面」というパネルを手にしながら、オーバーシュート（爆発的感染拡大）寸前の状況と強調、外出自粛を呼びかけたのだ。そんな小池氏に対して私は会見終了直後、院内感染濃厚の「永寿総合病院」（台東区）を加えながら中野について再質問をした。

「永寿総合病院の医師が重体になっているが、なぜ公表しないのか。医療崩壊寸前ではないのか。院内感染対策不足ではないのか。中野のドコモの集団感染もなぜ公表しないのか。中野と言わないのか。近くのガールズバーも営業停止ですよ」

この日も小池氏は、無言のまま会見場を後にした。なお永寿総合病院は台東区唯一の帰国者相談指定病院でPCR検査も行っている二次救急病院（感染症指定病院）だが、医療関係者によると、呼吸器内科の医師が重体になっていたというのだ。

院内感染対策不足は明らかで都は早急に調査をして改善策を講じるべきだったが、「（三月二五日の時点で）全病棟の調査は終わっていません」（都福祉保健局）と後手後手の対応だった。

指名なし二〇回目の四月一五日の会見では、こんな声掛け質問をした。

「知事、発熱患者二〇カ所救急車たらい回しですよ。どう解決するのか。医療崩壊ではないか。（中野江古田病院と永寿総合病院の）院内感染も知事の怠慢ではないですか」。

九〇人以上の感染者（四月一二日時点で入院患者六九名、職員二五名）が確認された中野江古田病院では、四月一日に看護職員の陽性がPCR検査で判明したが、中野保健所が診療停止要請をしたのは二日後の四月三日で実際に停止したのは四月五日だった。医療関係者はこう話す。

「中野保健所の初動遅れで院内感染が広がってしまった。一六三人の感染者を出した『永寿総合病院』（台東区）も同じパターンで、院内感染の調査が遅れて集団感染を招いたのです。しかも、中野区の保健所所長も台東区の保健所所長も二人とも元・都職員で、あまり有能ではないとの評判だった。現場の指揮官役の保健所長が迅速な対応をしなかった〝人災〟ともいえます。保健所を監督する都の技官の職務怠慢でもあり、もちろん小池知事の指導力不足の責任も問われます」。

こうした医療関係者の告発を元に声掛け質問を続けていったのだが、四月三日と四月六日の会見ではこんな質問をした。

「知事、重症者受入病院の要請、ほとんど断れているじゃないか。もうパンク寸前でどうするのか。パンク寸前状態ですよ。口先だけで実績ゼロじゃないか」（四月三日）

「知事、重症者受入病院、ほとんど受入ゼロですよ。エクモで有名な（大学）病院もゼロじゃないか。

権力行使しているのか」（四月六日）

この時は、医療関係者から以下のような話を聞いていた。

「新型コロナウィルスに感染をした重症者受入の病床が満杯寸前のため、大学病院関係者を交えた会議が都庁で開かれ、重症者受入で賛同が得られたが、個別の大学病院に要請したところ、ほとんどが拒否された。まさに『総論賛成・各論反対』の状態。本来なら都の権限を背景に小池知事が受入を各大学病院に毅然として迫るべきだった」

記者会見を頻繁に開き、税金を九億円も投じたCMにも頻繁に登場して「やっている感」演出には成功している小池氏だが、手厚い経済支援策や医療崩壊回避で具体的成果を上げているとは言い難い。〝口先〟対応ばかりが先行して、肝心要の中身はスカスカなのだ。

総理会見で質問内容を事前に調整する〝やらせ〟がばれた安倍首相と、記者排除を続ける〝談合ヤラセ会見〟を繰り返す小池氏はまさに瓜二つだ。都合の悪い情報を隠蔽改竄するのが得意という共通点もある似た者同士の安倍首相と小池知事。両者の発言については、「実効性があるのか」「口先対策ではないか」「言行不一致ではないか」などと検証することが不可欠なのだ。

〝記者排除〟を続ける小池知事のメディアコントロール

小池氏の〝記者排除〟は、会見でお気に入り記者を優先的に指すことだけではない。三月一九日の記者会見では私の声かけ質問には全く答えない一方で、最前列に座っていた日経の記者に向かって

「幹事社さん、よろしくお願いします」と一声を発して会見場を後にした。

この瞬間、私は都知事会見出入り禁止の瀬戸際に立たされたと思った。都知事会見は毎月幹事社が交代していくのだが、先月までは質疑応答前の注意喚起が「会見中の不規則発言は控えて下さい」であったことから、「会見終了直後なら不規則発言には該当しない」と解釈して声掛け質問を続けてきた。もちろん一月の幹事社（毎日新聞）とも二月の幹事社（産経新聞）とも議論にはなったが、会見時間が短いことと〝お気に入り記者〟が優先的に指される差別的対応によって〝質問権はく奪状態〟になっていると不当性を訴えて、幹事社の両社の記者には納得してもらっていた。

ところが三月に幹事社が日経になると、「知事が退出するまで不規則発言を控えて下さい」という注意喚起に変わったのだ。私の声掛け質問対策であるのは明白で、実際に三月第三週の会見退出時に小池氏は幹事社に「よろしくお願いします」と要請もした。「注意喚起違反だから出入禁止にしておいてね」という指示であることは明らかだった。そこで知事の意向を受けたように見えた日経の筒井恒記者と名刺交換を終えた途端、私の考えをまず述べていった。

「（知事に）指されるようになったら声掛けはしないが、特定の記者を指す恣意的な〝談合やらせ会見〟が続いている。時間も今日も短すぎるではないか。まだ三四分しか経っていないではないか。新型コロナウィルス問題が起きているのに三〇分少々で終わること自体、おかしいではないか。記者会見でちゃんと発信をして、『五輪中止をしなくても大丈夫』という根拠とか、専門家からヒアリングして『こうだった』とか、中止にならない見通しぐらい語らないと」。

続いて私が「さっきの小池知事の挨拶（「よろしくお願いします」）は何ですか」と問い質すと、日経の記者は本題を切り出してきた。「不満ならば、もう横田さんは残念ながら（都知事会見に）お越しいただけないことになってしまいます。我々は主催者なので」。

そこで私は、前月（二月）の幹事社だった産経の高久清史記者との議論内容を紹介、議事録提出を求めた。「前月の幹事社とは『三回に一回指してくれたら声かけは止めるが、そうでない場合は続けても出入禁止にはしない』で話がついた。方針が変わった議事録を見せて下さい」。

すると、日経の記者は態度を軟化させ、三回に一回位は当たるようにすることと会見時間延長を「報道課を通じて知事に伝える」と約束してくれた。私の主張に耳を傾けて小池氏の出入禁止要請を跳ね除け、私の声掛け質問権をはく奪することもしなかったのだ。

なお二月の幹事社の産経新聞の記者からは「カジノのたぬき」と声かけ質問をした直後、「品位を汚す」と抗議された。私が橋下徹・大阪市長会見に出ていた二〇一二年に大阪勤務であったことから、「橋下市長会見ではあんな発言をしなかった」とも批判された。これに対し私は「橋下さんは毎回指してくれた」「小泉進次郎大臣会見でも半分以上指されている」などと反論した。実際、二カ月間以上指名ゼロの小池氏と両氏の違いは歴然としていた。

一方、小池氏に頻繁に指される〝お気に入り記者〟もいた。私が二〇一九年末から二〇二〇年五月二二日まで参加した二六回の都知事会見で、最も多く指されたのはフジテレビの小川記者。以下の五人の記者が続いていた。

「都知事会見指名回数順位＝〝小池知事お気に入り記者〟ランキング

一位　フジテレビ小川記者　　　　一二回

三位　日本テレビ中丸記者　一〇回
三位　朝日新聞軽部記者　一〇回
四位　読売新聞野崎記者　九回
五位　NHK成澤記者　八回
五位　MXテレビ相模記者　八回
（番外　フリー横田一　〇回）

小池氏のメディアコントロール（記者排除）は徹底していた。都のホームページに掲載される知事会見動画では、会見が終了した途端、音声が消える編集操作を施してもいたのだ。都知事会見動画を見た人が、私の声掛け質問の内容を聞くことができないようにする隠蔽改竄作業といえるが、初当選した四年前（二〇一六年）の都知事選で掲げた「透明化」の公約と正反対であるのは言うまでもない。

要するに「ガラス張りの小池都政」は見かけ倒しで、自らに都合が悪い情報は〝闇〟に葬るブラックボックス化に励んでいるといえる。小池氏は都知事選挙では、自民党大物都議が仕切る都政を「伏魔殿」と批判したが、いまは名実ともに最高権力者の女帝知事が〝闇〟に包まれた伏魔殿にそのまま君臨するという不透明な状態が続いているように見えるのだ。

四月一五日の臨時会見では、〝女帝知事親衛隊〟のような都報道課職員が会見前に「記者会見のお知らせ」と題する文書を配布していた。初めて見た文書だったが、そこには「会見室内での質問は、知事又は司会者からの指名を受けた上で行ってください。会見室内で、けん騒な状態を作り出すことは慎んでいただきたい」と記載されていた。

その狙いは会見終了後にすぐに分かった。報道課職員が恒例の声かけ質問をした私を呼び止めて、配布文書の内容を確認することを要請してきたのだ。そして「会見室内で、けん騒な状態を作り出すことは慎んでいただき、」との文言に違反していることを指摘してきた。この時も先の日経の記者との押し問答と同様、「声掛け質問を今後も続けると出入禁止にする」という最後通告と受け取った。そこで私は、一八回も知事に指されないことへの対抗措置であると反論、この文書違反で出入禁止にすることは質問権は く奪に等しいと強く抗議、逆に恣意的な指名を止めるように小池知事に伝えるように改善要請をした。

そして平行線のやりとりがしばらく続いて物別れとなったが、その後の会見で声掛け質問を続けても出入禁止を命じられることはなかった。しかし、それ以降も改善要請が受け入れられた形跡は全くなく、〝お気に入り記者〟を優先的に指す小池氏の差別的対応は全く変わらず、質問者として指されない〝記者排除〟は連続二六回（二〇二〇年五月二二日の時点）となった。

2　岡江久美子さんと橋下徹・元府知事の対比

「安倍首相と定期的に面談をする橋下徹・元大阪府知事と同じように、岡江久美子さんが自宅療養中にＰＣＲ検査を受けていれば、命を落とすことはなかったのではないか」。

こんな疑問が湧いてきたのは、岡江さんが亡くなった翌日の二〇二〇年四月二四日。野党共同会派の小川淳也衆院議員が次のように質問した時のことだ。

「（岡江さんは）四月三日に発症されたと報道でお聞きした。六日まで自宅で様子見をすると。そして容体が急変されて入院されてそのままだったと。これは、早期に例えば病院に収容して治療薬として期待をされているアビガンなどの投与あれば、救えた命である可能性があるのではないかと私は素人ながら思いますが、大臣、いかがですか」

これに対して加藤勝信・厚生労働大臣は、個別の経過を承知していないとしてコメントは控え、政府の目標を語るだけの抽象論に終始した。

「亡くなる方を最小限にしていく、重症化を予防していく、これは大きな目標として掲げさせていただいている所ですから、引き続きその目標の実現に向けて医療提供体制含めてしっかり取組ませて頂きたい」

だが、報道されている橋下氏と岡江さんとの経過を対比すれば、安倍首相と懇意な〝アベ友ら特権階級（上級国民）〟と見られる人たちと一般国民との違いは歴然としているようなのだ。

橋下氏は三月二四日に発熱したものの、熱が下がったので四月五日朝の「日曜報道ＴＨＥ　ＰＲＩＭＥ」にリモート出演したが、五日午後に再び発熱したことから医師に相談、その翌々日の七日にＰＣＲ検査を受けることができた。検査までの待ち時間（タイムラグ）は「一日半から二日間」という〝スピード検査〟だったのだ。

これに対して四月三日に発熱した岡江さんは、四日間から五日間様子を見るようにと言われて自宅療養していた六日に急変、大学病院に緊急入院。ＩＣＵで人工呼吸器を装着して治療を受ける一方、ＰＣＲ検査をして陽性が判明したが、四月二三日に亡くなった。安倍政権が示していた「三七度五分以上で四日間自宅療養」という目安に従って検査を受けないでいる間に急変、亡くなってしまった。

もし岡江さんが橋下氏と同じような〝スピード検査〟で発熱二日目の四月五日にＰＣＲ検査を受け、重症化を防ぐ効果が報告されているアビガンを急変前に飲み始めていたら、回復に向かった可能性は十分にあったに違いないのだ。

先の国会質疑で加藤大臣は「重症化を防いで死亡者を最小限にする」という目標を掲げていると強調したが、その目標達成に不可欠な〝スピード検査〟を受けられるのは国民全体ではなく、〝アベ友ら特権階級（上級国民）〟ら一部の人たちに限られていたのではなかったのか。

「救えた命である可能性があるのではないか」と加藤大臣を問い質した小川氏の国会質問は、多くの国民が「四日間の自宅療養」に誘導される不当性を際立たせると同時に、橋下氏のような〝スピード検査〟を受けられた人たちがいる差別的対応（構造）を浮彫りにもしたのだ。

お笑いトリオ「森三中」の黒沢かずこさんと橋下氏を対比しても、「なぜ〝スピード検査〟が可能な特権階級のような人（上級国民）と受けることができない人（一般国民）がいるのか」という疑問はさらに強まる。黒沢さんも三月二一日の発熱がすぐに収まって仕事を再開させたが、二六日になっても味覚・嗅覚異常が残ったので複数の医療機関を受診した。新型コロナウィルス感染の典型的症状の一つだったが、それでもＰＣＲ検査を受けられたのは、六日後の四月一日（水）だった。この日に受診した医療機関でCT検査で肺炎の診断を受けた後、ようやく検査をすることができたというのだ。

橋下氏のような〝スピード検査（タイムラグ二日間）〟を受けられなかった状況について、「森三中」のメンバー大島美幸さんの夫で放送作家の鈴木おさむ氏はツイッターで、次のように発信した。

「病院行っても、検査してくれなくて、粘って粘って、頼みこんで、やっと今週水曜日検査してくれたんです！」「なかなか検査してくれない！　これが怖い！」。

この大きな違いについて直接本人にぶつけたのが、安住紳一郎アナウンサーだ。四月一八日放送の「新・情報7Days　ニュースキャスター」に出演していた橋下氏に対して、「『PCR検査をなかなか受けられない』と言われてましたが、橋下さん、受ける経緯はどうだったのですか。やっぱり元大阪府知事だから優先してみたいなことあったのですか」と単刀直入に聞いたのだ。

すると、橋下氏は「安住さん生放送でやめてください。みんなが思っていることなのですから。腹の中でみんなが思っていることなのです」と多くの人たちが疑問に思うことと認めた上で、手順を踏んだ検査であったと強調し、政治的な特別扱いではなかったと反論したのだ。

岡江さんのかかりつけ医が語る新型コロナの怖ろしさ

「新型コロナウィルスに感染すると、直前まで元気だった人が突然死の淵に追いやられる！　それほど怖い病気だ」と語るのは、岡江さんのかかりつけ医だった心臓外科医の南淵明宏氏だ。昭和大学横浜市北部病院循環器センター長と教授を兼任する南淵氏は、二〇二〇年四月二四日のフジテレビ

「情報プレゼンター　とくダネ！」に出演していた。そして南淵氏は「六年前、番組で共演したのをきっかけに三カ月に一回、心臓を診る体で、検診程度のことですが、東京のクリニックで診させていただいておりました」と振り返りながら、「いつも雑談ばかりしておりましたから、一人の近しい友人としてお話をさせていただきます」と断った上で、こう続けたのだ。

「訃報は本当にショックでした。今年の一月の終わりにみえた時はあまりに元気だったので、『乳ガンの放射線治療による免疫力低下が重症化の原因ではないか』という見方について、『そんなことはないと思いますよ』とコメントしました」

この番組では、岡江さんの所属事務所のファックスの文面がテロップで映し出され、「昨年末に初期の乳がん手術をし、一月末から二月半ばまで放射線治療を行い免疫力が低下していたのが重症化した原因かと思われます」と書かれていた。

これに南淵氏は反論をしたのだ。

「正しい情報が伝わらないと、ガンの治療をしている人がすべからく不安のどん底に突き落とされてしまいます。それは誤解です。がん治療と言ったって程度がありますし、また治療が終わった病気は持病とは言えないと思います。国立がんセンターの乳がんの専門医も、一般論として岡江さん程度の放射線治療で免疫力低下は見られないとの見方していました。白血病で体全体に行う放射線治療と、乳がんの初期で術後に念のために行う放射線治療は全然違うと思います。

岡江さんは本当に元気でした。『乳がんの手術をしたけどぜんぜん大丈夫だったの』とニコニコしていました。免疫力の低下って言いますが、免疫力って何ですか？　しっかりした定義はありません。

ある人の現在の免疫力を測定することなどできません。それに免疫、つまり体が防御しなければならない相手は何なんですか？　免疫力などと言う言葉はそういう漠然とした概念でしかないと思います。それに女優の方はみんなそうだと思いますが、岡江さんは普段から健康に非常に気を使っていて、勉強をしていました」。

それほど健康管理に気を使っていたのに岡江さんだが、自宅療養四日目に急変、大学病院で治療を受けていた四月二三日に亡くなってしまった。南淵氏が「直前まで元気だった人が突然死の淵に追いやられる！　それほど怖い病気だ」と強調するのはこのためだ。

だからこそ、「早期検査（発見）と早期治療」が患者の生死を左右するほど死活的に重要といえるのだ。

しかし日本のＰＣＲ検査数は、ドイツや韓国など海外の先進国に比べて桁違いに少ない。安倍首相は四月六日に「一日二万件」にすることを明言したが、一カ月以上経っても一万件以下にとどまっていた。

四月二二日に島田眞路・山梨大学学長と荒神裕之・山梨大学教授は「ＰＣＲ検査体制強化に今こそ大学が蜂起を！」と題する論文で「途上国レベルの日本のＰＣＲ実施件数が万の単位の潜在的感染者を生み出し、日本の国際的な信用を揺るがす事態にまで至っている」と指摘した。

途上国レベルのＰＣＲ検査しか実施できない安倍政権の口先コロナ対策が万単位の感染者増加を招き、国民の生命を脅かしているといえる。橋下氏を含む〝アベ友ら特権階級（上級国民）〟だけでなく、国民全体が先進国並の素早いＰＣＲ検査を受けられる体制構築が不可欠なのだ。

すでに始まっている医療崩壊

緊急救命医療の現場で奮闘する南淵氏は「すでに医療崩壊に陥っている」とも教えてくれた。

「実は本当にテレビで伝えたかったのは、新型コロナウィルスの感染拡大で、医療崩壊がすでに始まっていることです。特に救命救急医療が圧迫されています。心臓外科でいえば、急性大動脈乖離や急性心筋梗塞になったら、通常なら救命手術で救える命も、コロナウィルス感染への対応で手が取られ、救えない事態に陥っています。もちろん『いま病気にならない方がいいですよ！』なんて言えません。結局のところ『コロナウィルスに感染しないようにしましょう』と言い続けるしかないのです。

（急患者の搬送先が決まらないたらい回し激増について）新規の救急患者の受け入れは、二つの意味で負担増になります。一つは、多くの医療スタッフが夜通しで手術するようなことになるし、もう一つはコロナに感染しているのかどうか分からないので院内感染のリスクもあることです。普段から救急患者は病院側のキャパシティいっぱいのところで対応してきました。どこの病院も同じだと思います。そこにコロナウィルス感染やその疑い、あるいはまったく症状がない、つまり疑いがなくても実際は感染していた、という患者が来院されているのです。

ある産婦人科で出産をした母親が感染していることが分かって、病院全体に衝撃が走りました。担当した医者や看護婦全員が濃厚接触者になるので、すぐにPCR検査をして自宅待機を強いられた。一人の潜在的な感染者を受け入れることで、その病院の全科で診療ストップという事態になりかねないのです。

岩手県の県立病院が帰省中の妊婦の受け入れを拒否したと報じられましたが（二〇二〇年四月二四日の読売新聞『岩手の二県立病院、妊婦救急搬送の受け入れ拒否』など）、日本中の病院が『新規の患者は基本的に拒否する』という事態に陥ってしまっても仕方がないと思います。大病院だけでなく、歯科医も『新しい患者は診ない』という同じ対応をしているようです。がん患者さんも治療が先延ばしになっているようです。『いますぐしなくてもいい手術なら先に延ばして下さい』と病院側は対応しているようです。患者が『いつまで延ばせばいいのですか』と聞いても、医者は『感染拡大が収束するまでですが、それはいつになるのか分かりません』としか答えられません」

しかし緊急事態宣言を発令した時に安倍首相は「五月六日までの一カ月間で感染拡大を食い止めて収束へと向かうようにする」という早期収束の目標を掲げていたが、五月四日になると、五月末まで全国一律で延長することを発表した。南淵氏はこう続けた。

「がん、心臓病に限らず患者が『手術は一カ月待って下さい』と病院から言われたら、まずまず許容範囲内かも知れませんが、三カ月とか半年延ばされるとなると、患者の不安はいかばかりか。その意味で普段の医療が行えなくなっている現状の医療体制はすでに崩壊していると言えます。

今のところあまり指摘されていませんが、病院の収益も他の業種同様、各段に落ち込んでいます。『医療者の皆さんの献身にはご苦労様です』と社会から賞賛を頂いているようですが、実は病院経営上も相当に厳しい状態です。コロナウィルス医療は概して場所、機材、消耗品、人件費など莫大なコストに対して、その経済的見返りは相当に少ないように思います。おそらくかかった経費の一〇％程度の医療収入しかないでしょう。通常の医療を縮小している状況ですから、コロナウィルスを受け入れている病院は通常の売り上げの一〇％程度と少しぶんしかない、ということになります。いまの状態が長引くと、他の業種同様、倒産、経営破綻の病院が続出するでしょう」

〈南淵明宏医師の経歴〉
一九五八年大阪生まれ。八三年に奈良県立医科大学卒業、八五年に国立循環器センターレジデントを経て、手術件数の少ない日本を飛び出し、八九年にシドニーセント・ビンセント病院フェロー、九一年からは国立シンガポール大学で〝武者修行〟。帰国後は、大学病院の五倍程度の手術をこなし、「手術件数を医師や病院評価の基準にすべき」とも主張。現在は、昭和大学横浜市北部病院循環器センター長・教授。旧民主党政権時代には事業仕分け人を務めた。

3 「やっている感」演出の口先対策で五輪優先の安倍首相と小池知事コンビ

新型インフルエンザ等特措法改正案が成立した翌日の二〇二〇年三月一四日、安倍首相は会見で法改正をアピール、自らの主導で非常事態宣言が出せるようになったかのような印象操作をしつつ、報道の自由が脅かされることはないとも強調した。「非常事態宣言が発令された時、報道や言論の自由は担保されるのか」（ＩＷＪ代表の岩上安身氏）という質問に安倍首相はこう答えたのだ。

「まず報道の自由は守られます。これは明確に申し上げておきたいと思います。それと、いわば報道の内容を変えるようにお願いすると言った答弁は既に訂正をしたと承知しています」

嘘八百とはこのことだ。非常事態宣言が発令される前から安倍政権は、特定の民放テレビ局に対して「報道の内容を変えるようにお願いする」ことに等しい報道介入を始めていたからだ。

狙い撃ちをしたのは、テレビ朝日「羽鳥慎一モーニングショー」。三月五日の放送で「総理が法律改正にこだわる理由は、『後手後手』批判を払しょくするため総理主導で進んでいるとアピールしたい」というコメントが発せられていたことを安倍政権は問題視。内閣官房国際感染症対策調整室がツイッターで次のように反論、政府見解の押付けをしていたのだ。

「法律改正をする理由はそうではありません。あらゆる事態に備えて打てる手は全て打つという考えで法律改正をしようとしています」

「現行の新型インフルエンザ等対策措置法では未知のウィルスしか対象としておらず、新型コロナウィルスはウィルスとしては未知のものではないので、今のままでは対象とならないからです」。

安倍政権（首相）の対応は「言行不一致」「二枚舌」「支離滅裂」と呼ぶのがぴったりだ。会見では「報道の自由は守られる」とリップサービスをする一方で、政府見解とは異なる報道をする「羽鳥慎一モーニングショー」を名指し、番組内容にクレームをつけていたからだ。総務大臣が放送の許認可権を有する中で、安倍政権がこれほど具体的な注文をつければ、番組制作の現場が「報道への介入」と感じても全く不思議ではない。

ちなみに安倍首相が「既に訂正」と述べた発言（答弁）をしたのは、宮下一郎内閣府副大臣。非常事態宣言濫用を危惧する山尾しおり衆院議員（三月一八日に立憲民主党を離党）の質問に対して、「（民放テレビ局が指定公共機関に）指定された場合は『この情報を流してもらわないと困る』として指示を出すことや、放送内容の変更や差し替えをしてもらうことはあり得る」（三月一一日の衆院法務委員会）と答えたのだが、衆院通過後の三月一三日になって西村康稔担当大臣があわてて「指定公共機関に民放テレビ局を加える考えはない」（参院内閣委員会）と訂正することになった。

ただし法案には「民放テレビ局を指定できない」と書いていないため、時の政府の法解釈によって指定することは可能。しかも三月一二日の衆院本会議採決は、西村氏の訂正前でもあったことから山尾氏は〝宮下答弁〟を理由の一つにあげて改正法に反対したのだ（立民は賛成）。

ここで注意しないといけないのは、非常事態宣言は「特措法改正なしでも発令可能」であったことだ。今回の特措法改正は、安倍首相の要請による三月四日の野党党首会談で具体化したが、立憲民主党の枝野幸男代表も国民民主党の玉木雄一郎代表らは、旧民主党政権時代に成立した現行法で対応可能と主張。これに対して安倍首相は「原因となる病原体が特定されていることなどから、現行法に適用することは困難」と反論、見解の差が埋まらないながらも野党は審議には応じることで一致、早期成立となったのだ。

その際に玉木氏は、テレビ朝日と同じ〝後手後手批判払しょく説〟を会見で披露していた。

「我々は一月末から特措法を適用すべきだと（主張してきた）。新たな感染症が発生した時に、一番最大限でできる法体系は新型インフルエンザ等特措法だ」「これまでの対応が後手後手だったことを事後的に糊塗するようなもの。『判断を間違った』と謝って既存の法律を使うことが筋ではないか」

同時に玉木氏は、法改正の弊害も指摘。「新しい感染症が出た時に、いちいち法改正をして追加しないと対策を打てなくなる。『後手後手に回る』という前例をつくっては駄目。だから未知の新たな感染症が出てきた時も含めて（新型インフルエンザ以外の）『新感染症』を設けて対応できる法律を作った。その法律を使わないで、新たに改正しようなんてことは法の趣旨に反している。一体何のための法改正なのかは厳しく問うていかなければならない」。

後手後手の対応で内閣支持率が下落した安倍首相の魂胆は、見え見えだった。感染拡大を招いた大失態を「やっている感」演出で挽回しようとする政治的パフォーマンスに違いなかったのだ。そのために不可欠なのが、「特措法改正は必要」という安倍首相ら与党側の法解釈。これに玉木氏が疑問呈示をして、「羽鳥慎一モーニングショー」も同じ見方を放送したのだが、これに対して安倍政権は法解釈が割れているのにもかかわらず、「与党側の法解釈が唯一の真実」といわんばかりのクレームをつけていたのだ。

こうした安倍政権の唯我独尊の法解釈は、黒川弘務検事長（当時）の定年延長でも大問題になっていた。社民党の福島瑞穂党首は安倍首相との会談で「（現行）特措法でやれる」「（定年延長で）解釈変更をやっているではないか」という改正不要論を訴えたのはこのためだ。定年延長問題では過去の一貫した法解釈を無理やり変更をする一方、今回の特措法では厳密すぎる狭い法解釈をしたのだ。

ただ改正自体の必要性が疑わしい特措法改正であっても、こうした安倍政権の特異性を直視して「非常事態宣言の濫用を防ぐために国会事前承認を盛り込むべきだ」という山尾氏らの主張には一定の説得力があった。

国民民主党の原口一博国対委員長も二〇二〇年三月九日の会見で、同じような問題意識を語っていた。

「（特措法が成立した）二〇一二年の段階で『安倍内閣のような特定の番組に介入する政権が出来る』ことは想定していなかった。政治はありとあらゆる最悪を想定してやらないといけないと反省をしている」「内閣官房や自民党が『羽鳥慎一モーニングショー』を名指しで批判しているが、その反論をしている方が（法解釈などを）間違っているのではないか。政府の機関が特定の番組を批判する。しかも今回の新型インフルエンザ等特措法改正には（非常事態宣言発令による）私権の制限まである。それを見越してやっているとしたら許し難いと思う。言論弾圧と取られかねないことをやるのは問題だ」

一週間後の会見でも私は、特措法改正と安倍首相会見を受けて「非常事態宣言を出す前から羽鳥慎一モーニングショーに既に介入、独自の法解釈を押しつけて報道に介入をしているのではないか。もう報道の自由が脅かされているのではないか」と聞くと、原口氏はこう答えた。

「報道の自由に対する介入は絶対にあってはならない。特に、いまひどいなと思うのは、厚労省、それから内閣の感染拡大を防止する担当室、そして自民党が同じ文句で同じSNSのサイトを使って、いま仰った『羽鳥慎一モーニングショー』の問題を取り上げてみたり、感染症の特定の専門家の方の名前をあげて、その方の信用を貶めるようなことをやっている。まさに私は、『悪質広告代理店内閣』と言っていますが、その現れだろうと思っています」

野党第一党党首である枝野氏は本来、山尾氏や原口氏ら党内外の意見に耳を傾けながら野党要求項目を取りまとめ、与党にぶつけていく司令塔役であるはずだ。しかし実際には、「法改正に協力して欲しい」と抱き付いてきた安倍首相ら与党側に要求事項を飲ませるのではなく、「こうした問題で駆け引き、取り引きをするつもりはありません」（三月五日の記者会見）と政治休戦をしてしまった。「国難なのに協力しないのはケシカラン」といった批判を恐れて〝敵前逃亡〟、山尾氏提案の国会事前承認、野党提出済の検査法関連法案の抱き合わせ成立や「日本版ＣＤＣ（後述）」創設などを突き付ける責務を放棄してしまったようにも見えるのだ。

こうして安倍首相の〝抱きつき作戦〟は大成功。非常事態宣言への懸念などから共産党やれいわ新選組は反対、共同会派からも反対や欠席をする議員が相次いで野党のバラバラ感が露わになり、山尾氏離党まで招くことになった。そんな野党の混乱を横目に見ながら安倍首相は翌三月一四日の会見で特措法改正法成立をアピール、「やっている感」演出に精を出した。野党を引き立て役にした〝安倍首相ワンマンショー〟は大成功を収めたようで、内閣支持率は前月比で八・七％（三月一六日の共同通信）も上昇することになったのだ。

＜川内博史衆院議員（立憲民主党）の新型コロナウィルス対策＞

安倍政権の中身の乏しい新型コロナウィルス経済対策と違って、川内博史衆院議員（立憲民主党）は現金給付や消費税ゼロの大胆な対策を提案していた。

――代議士会で「消費税ゼロ」という声が聞こえたのですが。

川内博史衆院議員　私は一気に消費税ゼロにするべきだと思います。それだけでなく、現金も給付する。使うお金がないと消費税も払えないわけですから。非正規雇用、フリーランスに一カ月三〇万円か四〇万円を払う。そういう人たちが一〇〇〇万人いたとしても月に三兆円、二カ月で六兆円、三カ月で九兆円です。正規雇用（の社員）や公務員は問題ないわけですから、収入が激減した人に対しては手厚い措置をするというわけです。

――収入が激減した人に対して現金を配るしかないと。

川内氏　つべこべ言わずに、すぐにお金を配るのが大切なのです。公務員を含めて給料取りはいいですが、フリーランスや非正規雇用の人たちは収入がないわけですから。とにかく、「申請が」とか「手続きが」とか言わずに、すぐに配る必要があるということです。

――金額、規模感については？

川内氏　フリーランスや非正規雇用の人が一〇〇〇万人として、月に一人三〇万円とすると、一カ月に三兆円。五カ月配ると一五兆円です。それぐらいの規模の現金給付が必要だし、消費税はとりあえずゼロにする。会社でも自粛要請で売上が減ったところがあるでしょうから、それに対しても売上減少の補償をする必要がある。それらを合計して五〇兆円ぐらいの財源が必要になるのではないか。こういう緊急事態ですから赤字国債発行でまかなうのは仕方がないでしょう。

その代わり安倍首相は責任を取って辞める。感染拡大を招いたことに加えて、学校は一斉休校にする、イベントは自粛させる、全く法的根拠に基づかないことを安倍首相が粋がって言ってしまったから、一気に自粛ムードが広がって大変な経済的打撃を受けることになっているわけです。これは、安倍首相の責任です。補正予算を組んだ上で、責任を取って辞めるということです。新型コロナウィルスは忖度をしないのです。

——記者会見で何度も聞いているのですが、枝野幸男代表は消費減税に消極的なのですが、一方で（所得に応じて税金を還付する）「給付付き税額控除」に積極的なのです。三月一七日にようやく「消費税減税を含めて新型コロナウィルス対策を検討する」と少し前向きの発言をし始めましたが（注）。

川内氏　「給付付き税額控除」というのは庶民に分かりません。現金給付のような分かりやすい政策がいま求められています。とにかく、早く消費税減税を言うことが大切です。そして現金給付と消費税減税をセットにしないと意味がない。現金がないと消費できないわけですから、収入が激減した人たちは消費税減税だけを聞いても「何、それ」という感じになってしまう。だから、まず現金給付をする。一方、給与所得のある人にとっては消費税減税は実質的に現金を配ることと同じです。

注　枝野代表の三月一七日の発言（記者団との囲み取材）
「（新型コロナウイルス対策として与野党から出ている消費減税論について）世界的な株安による世界経済の失速は、深刻かつ長期化するものだと思っているので、消費税を含めてあらゆる施策を選択肢として検討する必要がある」。

4　岩田健太郎教授との野党共同会派電話会議

後手後手で非科学的な安倍政権の新型コロナウィルス対応は延々と続いた。「早期発見（検査）・早期治療・早期隔離が大原則」（国民民主党の原口一博国対委員長）なのに、日本の検査数だけが他国に桁違いに少ない状況が改善されず、数字に現れない形で感染が広がってしまったのだ。

〝国際標準〟とは異なる日本特有の対応は、クルーズ船「ダイヤモンドプリンセス」で感染拡大をした二月の段階から既に始まっていた。「一四日間隔離なしでの下船者帰宅」などについて海外メディアから批判が噴出したのはこのためだが、そんな中で船内の様子を語る動画を二月一八日に投稿、驚くべき実態を告発したのが岩田健太郎・神戸大学教授だ。そして野党国会議員との電話会議（ヒアリング）では、米国疾病対策センター（ＣＤＣ）のような感染症と対峙する専門機関が日本にはなく、専門家委員会が政権方針の追認組織のようになっていることを問題視、〝日本版ＣＤＣ〟の創設を訴えてもいた。

「ダイヤモンド・プリンセスはＣＯＶＩＤ-19製造機。なぜ船に入って一日で追い出されたのか」と題する動画を投稿した翌二月一九日、野党国会議員とのテレビ電話会議（共同会派ヒアリング）で次のような質疑応答が交わされていたのだ。最初に〝一四日間隔離問題〟を取上げたのは、元厚生労働政務官の山井和則衆院議員（立憲民主党会派）。

山井氏　（動画を見て）非常にショックを覚えました。中に入られた専門家の先生が「グリーンゾーンとレッドゾーンの区別が出来ていない」ということを仰って、今日（二〇日）、先生のご発言を国会で報告をさせていただいた上で、「今日、五〇〇人、クルーズ船から下船をされるのですが、念のため、二週間ぐらいは隔離をするべきではないか」ということを私は加藤（勝信・厚労）大臣に提案させていただいたのですが、加藤大臣は「もう自由に行動をしたらいいのだ」という答弁だったのです。先生はいかが思われますか。

岩田氏　結局、一連の昨日から今日の流れで思ったのは「科学的な対策はどうでもいい」という感じを受けます。ちゃんとした対策を取るべきところで取っていないで感染症患者が増えるということは、少なくとも私、プロとっては耐えがたいことで、「全くもって言語道断だ」と思っています。（ダイヤモンド・プリンセスの）クルーズ船の中で、二月五日以降で、暴露の機会が十分にあると思いましたので、いつ感染が起きたのか分からない。そうすると、「（二月）二〇日で隔離を終了してもいいのか」「今日終了していいのか」という確証となる根拠が失われているわけですね。

従って、アメリカでもカナダでも香港でも韓国でも自国に連れて帰られた方は、みんな追加の一四日の隔離をしています。それは、取りも直さず、「日本のクルーズ船内の対策を国際社会は信用していない」ということを意味しています。それでは、「日本で降りている方（日本人）は大丈夫だ」という科学的根拠はどこにもありません。ですので、本来であれば、どういう形かは別にして、船を降りられて二週間追加の健康監視をして、他の人への感染の被害を広げないことがすごく重要だと思います。

私も含めてそうなのですが、船に入られたＤＭＡＴ（災害派遣医療チーム）の皆様とか厚労省の皆様も非常に非常に危険な状態で艦内に入っています。感染対策の専門家としては、ああいう状態でいろいろなスタッフの方が入られるのは、ものすごく耐え難いぐらい不安になるもので、気の毒というか、「どうなってしまうのだろうか」と気の毒に思ってしまいました。あの方々（厚労官僚ら）も既に感染者が出ていますけれども、これからさらに新しい感染者が、厚労省の方々とか、発生しないことを心から願っていますが、そうならない保証はどこにもない。

院内感染で生死をさまよった経験を持つ原口一博国対委員長（国民民主党）も、隔離問題を取り上げた。

原口氏　立憲民主党の逢坂（誠二）さんと国民民主党の泉（健太）さんが厚労省から聞き取りをして、「本当にこれ（一四日間の隔離なし）でいいのか」と言ったが、実際に下船をした方々からも「このまま家に帰っていいのか」「自分は家に帰りません」と。こんな声が出ているが、先生、そういう状況について、どのように分析されているでしょうか。

岩田氏　アメリカやカナダのように、もう二週間観察（隔離）期間を置くのが妥当だと個人的には思います。それをしないのであれば、むこう二週間で、その人達の間で感染症の発症が起きるかどうか、何例出たのかが厚労省の取った施策の是非を教えてくれるのではないか。
本来であれば、きちんと隔離をして一四日間監視をして、(乗客の)五〇〇〇人の方にはお気の毒だと思うのですが、こういう時はやはり、ミッションをしっかり作って、隔離をするのかしないのかを決める必要があるのです。
今回のクルーズ船でも、隔離はしてみたが、散歩の時間を作ってみたりとか、非常に対応は中途半端でした。政治的な妥協の産物だと思うのですが、我々は感染対策をする時は、全部科学を根拠にしますので、どんな横槍が入っても妥協しない時は妥協しないわけです。それが、専門家的な態度と官僚的な態度の大きな違いだと思います。科学という観点から言えば、やっぱり健康監視期間をきちんと見て、その間、人との曝露を最小限にするというのが本来の正しいやり方だと思うのです。

国民民主党の厚労部門長で医師の岡本充功衆院議員は、検査時期と精度の観点から政権の対応が非医学的であることを浮き彫りにした。

岡本氏　今日(三月二〇日)、予算委員会を聞いていていて思ったのですが、加藤大臣が大変気になる答弁をしていて、「今日降りる五〇〇人の方々のいわゆる検体の採取はいつしたのか」という問いに「一週間ほど前の人がいる」ということを認めている。「先週の今頃とった検体で陰性だから」「今日の時点で無症状だった」ということをもってして、「下船をし、自宅待機を求めずに市中で活動することを認める」というのは適切とお考えでしょうか。

岩田氏　これは不適切だと思います。理由は二つあります。一つは、以前にやった検査を受けて、その後に感染してしまった場合は、その検査の陰性結果は全部チャラになってしまうというのが一つ。

もう一つは、すでに事例が出ているのですが、検査というのは結構、感染者であっても陰性と出るのです。後で陽性ということがあるのです。厚労省はずっと間違っているのですが、「検査陰性を根拠に隔離を解除する」という決め方がそもそも間違っている。検査陰性で隔離を解除すると、そのことで発症をしたりする人はたくさんいる。

ですので、（クルーズ船の乗客で）そもそも無症状の人に検査をしても陽性でも陰性でも（一四日間隔離するという）判断は変わらないので、検査をすべきではないのです。これを実は、厚労省に申し上げたのですが、すごく嫌な顔をしていて、「みんながやれというのでしょうがないじゃないか」みたいなことを仰る。やっぱり、そこは私は「科学的に物を決めるべき」という立場で、厚労省は「みんなが求めているので」と政治的に判断をするのです。

政治的に判断をしていい時はあるのですが、少なくともクライシス（危機）の時は、リスクミティゲーション（リスクの最少化）をしないといけないので、その時は果断が必要で、「みんなが欲しがっているから」と言って、特に検査が枯渇しそうになっている時に、検査を無駄遣いするのは全く許されないことなのです。こういったところも厚生労働省の対応は、非科学的で専門性を欠くなと思っているところです。

岡本氏　今回のクルーズ船に関しては、先生の仰る通りで、ここで貴重な検査の資源を、いま数万とか一〇万の検査が出来るのであれば、やればいいですけれども、いま四〇〇〇弱しか出来ないというのをここでやるのではなくて、もう皆さん降りてもらって、申し訳ないけれどもリセットして、「もう一度、一四日間の完全に隔離された生活をしてもらうことにしてはどうか」と私は思っているのですが、いずれにしても現時点で下船された五〇〇人の方、これから降りて行かれる方の中から、検査陽性になる方が出てくると思っています。その上で、先生のお聞きしたいのは先ほど言われた、今のＰＣＲ検査の精度の問題なのですが、先生が思われている今回の検査の精度というのは、どのようにお考えになられていますか。

岩田氏　武漢、上海のデータがありまして、検査の精度はいろいろな考え方をするのですが、ここで言うと一番大事なのは感度です。

患者さん、感染者の中で何％ぐらい陽性になるのかですが、ざっくり言うと、三〇％から五〇％です。これは症状のあるなしでだいぶ変わると思うのですが、要は半分以上の感染者は、検査で陰性になるのです。このことはすごく重要なことで、「検査の陰性で病気はありませんよ」というためには、少なくとも感度は九〇％か九五％ないといけないのです。五〇％とか三〇％というのは、全く箸にも棒にもかからない数字で、これを元に「感染がありません」「感染がありますす」というのは全く非医学的な判断になるわけで、隔離解除の基準に検査陰性を使ってはいけないというのは、そのためです。

場合によっては、二回三回と検査をして陽性になるのは、実はコロナウィルスだけではなくて、他の感染症でもよく見られる現象なのです。

岩田教授の動画を全部見ていなかった小泉進次郎環境大臣

岩田教授が告発動画を配信した二月一八日と翌一九日、小泉進次郎環境大臣は新型コロナウイルス感染症対策本部を欠席、新年会に出席したことを追及されて、「問題だという声は真摯に受け止め、反省している」と非を認めた。二日後の二月二一日の大臣会見でも関連質問が相次ぎ、小泉氏は「反省をしている色が見えないことを改めて反省している」「反省の色が見えるように努力していきたい」と釈明に追われた。

汚名挽回になる踏み込んだ発言が出るかも知れないと見た私は、岩田教授の動画への受け止めを聞いて見たが、予測は見事に外れた。

「僕は岩田さんの動画は全部は見ていないので、何ともまだ自分の中ではコメントするものではないなと思います」「クルーズ船で新型の感染症が発生、これに対応するために前例にとらわれない措置を政府の対策本部が決定して、所管する厚生労働省が中心となって講じていることを環境省として全力でサポートしていくと。実際に環境省からも厚生労働省や内閣官房に職員を派遣していますので、環境省が持ち場としてやるべき対策に全力を尽くしつつ、人の面も含めて厚労省を全力でバックアップしたいというふうに考えています」（小泉氏）。

政権追随志向に逆戻りとはこのことだ。石炭火力問題では「閣内不一致」とも報じられた〝爆弾発言〟をしたが、新型肺炎問題では異論を唱える姿勢が影を潜めてしまったのだ。

小泉氏は、米国民間シンクタンク「戦略国際問題研究所」の研究員だった経歴の持ち主である。そこで、岩田氏が疑問視した「一四日間隔離なし下船問題」での日米の違いに注目しているに違いないと考え、「米国は基地内に隔離施設があって一四日間滞在する対応だが、日本でなぜそういう対応が取れなかったのか」と大臣の見解を求めたが、小泉氏はこう答えるだけだった。

「日米の対応の差という指摘もありましたが、今、前例にとらわれない対応が求められている中で努力をして、何が最善かということも考えてやっているのが厚労省ですから、環境大臣としてはサポートしていくことに尽きると思います」

次期総理大臣候補で米国通でもあるはずの小泉氏だが、ピンチをチャンスに変える気概は微塵も感じられなかった。対策会議欠席の失敗を取り戻すべく、岩田教授の告発内容に耳を傾けて新型肺炎対策向上につなげようとする気配が全く見てとれなかったのだ。

対照的だったのは、野党の国会議員。国民民主党の原口国対委員長らはテレビ電話会議で岩田氏からヒアリング。その中には、政府の感染症対策本部ですぐに議論をするべきだった内容（クルーズ船外への本部移動など）がいくつも含まれていたのだ。

原口氏　まず昨日（二月一八日）、直接、ご覧になったところを教えていただけますか。
岩田教授　一番最初に入ったのはクルーズの五階ですかね、広間、その奥に本部ですね。この本部は、厚労省、ＤＭＡＴ（災害派遣医療チーム）、ＤＰＡＴ（災害派遣精神派遣チーム）のスタッフが入っています。そこに防護具を着る場所、また脱ぐ場所がありました。そこから階段を下りると、医務室があって、医務室の左右にクルーが通る廊下があり、医務室の前にスペースがあって、搬送される患者さんが集合していました。このへんが大体見たところです。

（船内にいた）自衛隊の皆様に限定して申し上げると、私は短い期間しかいなかったので確たることは言えませんが、多くの自衛隊の方は、防護服を着ておられたので感染のリスクは小さいなと思いました。

検疫官や、ＤＭＡＴの方とか厚労省の方もそうなのですが、プロテクション（防護）が非常にアドホック（臨時的）で、つまり、ちゃっと出来ているのか出来ていないのか微妙になっていて、そこをもっともっと守るべきところにしてあげないと、彼らは気の毒だなと。

一番問題なのは、本部がクルーズ船の中にあることで、（安全な区域の）グリーンと（危険な区域の）レッドの区別を非常に難しくしていたと思います。隣のターミナルのビルがありますので、そういったところで、完全にウィルスがいないと確信することができる場所で、コマンド（指揮命令）を取ったり、いろいろな会議を開いたり、あるいは、ご飯を食べたり、スマホを触ったりするゾーンとして使えば良かったのですが、そのゾーンが微妙だったりすると、スマホにウィルスがついても分からない。とにかく、感染症は目に見えないものを相手にするわけで、目に見えないという前提で、いかにウィルスをイメージして、ウィルスがいる空間といない空間をきちんと分けるというのが一番最初にやる仕事なのです。その一番最初にやる仕事が、二月一八日にもなって全然出来ていなかったところに、私は戦慄を覚えて、自分自身が感染のリスクも強く感じましたし、また周りにいらっしゃるスタッフの皆様たちも、ものすごく、何と申し上げていいのでしょうか、怖いなと思いました。

阿部知子衆院議員（立憲民主党神奈川県連代表で小児科医）自衛官は教育も受けているし、対応も出来ているが、その他のいろいろな任務で中に入られた方は自分を守るための様々な知識や備えが不十分だったと考えていいでしょうか。

岩田教授 これは意識というよりも、訓練だと思います。ルールはやっぱり感染対策のプロがきちんと決めるということで良かったわけです。私たちも例えば、エボラ対策でアフリカに行った時も、レッドゾーンでお掃除をする方とか、トイレで汚物を処理する方とかの人の命をちゃんと守るために、全力を尽くしたわけです。「すべての人が安全にすごせるように」というのが一番最初にやるわけで、ＤＭＡＴ（災害派遣医療チーム）の方の話を聞いていると、「何か俺たち、感染してもおかしくないよね」と。覚悟を持つのはいいのですが、本当は覚悟ではなくて、きちんとした安全の前提をきちんと確保してから入るのが大事で、何と言うか、博打と言いますが、そういう「やってやるぜ」的な根性論みたいなもので安全対策をするというのは極めて不適切です。

科学は大事で、情念とか根性の問題ではなくて、感情論で安全を台無しにしてはいけないので、こういう時こそ冷静に理論的に科学的に対策を取らないといけない。それが出来るのは専門家だけなのです。やっぱり官僚にはできない。

阿部氏 感染症の専門家が入る時期が遅かったのでしょうか。

岩田教授 本来的には、「ＣＤＣ（米国疾病対策センター）」という感染症と対峙する専門機関が（日本には）ないわけです。中国にもある。韓国にもある。アメリカにもあるわけですが、それがずっと（日本には）なかった。研究者とか官僚とか学会とかがアドホック（臨時的）に入って来ましたが、そうではなくて、いつでもすぐに対応できるようにしておかないといけなかった。緊急時の問題は平常時の対応欠如。普段から準備ができていないから、いざと言う時に対応できないということなのだと思います。

阿部氏　他に「これ」ということがありましたら、教えて下さい。

岩田教授　アフリカでエボラ対策をしていた時に、私が心から尊敬をするコール・ファーマードクターがいて、シエラレオネ（共和国）にやってきたのです。我々がテントを張ったり、患者を診たり、薬を出したりということであくせくしている時に、彼が現場を見て何を言ったのかと言うと、「ここには学校が必要だ」と言ったのです。「医学部を作って、看護学校を作って、医療スタッフを育てないといけない。またこういう感染症が起きる」と。我々がすごい狭い視野で、「明日、一週間後、どうしようか」とあくせくしている時に、やっぱり偉い人はもっともっと大きなビジョンで、先を見ているのですね。

今回の最大の問題は、クライシス（危機）が起きた時にプロフェッショナルな対応ができない、準備ができていないことだと思っています。どうしてもやっつけ仕事になってしまう。ですので、新型インフルエンザの時に「日本版ＣＤＣとかを作るべきだ」というふうに申し上げたけれども、なし崩し的に「みんな頑張ったから」と言って問題を先送りしてきました。

今こそ、コールファーマードクターが言ったように、「日本の根本的な感染対策のストラクチャー（組織）を国際基準にあわせるべきだ」と思います。今までみたいにやっつけ仕事で国際社会が許してくれる時代は終わりました。長期的視野と大きなビジョンというものを政治家の先生方にぜひ申し上げたいと思います。

本当の専門家抜きの〝素人対応〟で官邸崩壊状態

今回の新型肺炎対応では「危機管理能力抜群」と評されてきた〝番頭役〟の菅義偉官房長官の影は薄く、安定した政権運営を続けてきた官邸が機能不全状態に陥っているように見えた。

岩田氏との電話会議で驚くべき実態を浮彫りにする質問をしたのは、国民民主党の原口国対委員長だ。「自分たちは専門家の意見を聞いているのだ」という安倍政権の主張を疑問視した上で、「その専門家が江戸時代の関所の地頭のような感じで、他の人（岩田氏ら）を全部排除して、タコツボの中で目の前の最適性を追うものだから、世界から猛烈な批判を受けている。この専門家の嘘の壁をどうやって突破すればいいのか」と助言を求めた。これに対して岩田氏は「感染症研究所は基本的に研究機関で、基本的にはウィルスの研究をしたり、細菌を研究したりということで、学者の集団」と指摘、こう続けた。

「いま安倍首相が招集した専門家委員会も、委員長は感染症研究所の方です。彼もウィルス学者です。結局、あれは偉い人を呼んで集めて、政府のやっていることを追認するだけの追認組織になっているように私は感じます。

そうではなくて、本来ならば、政府から独立して、独立性を発揮して感染症対策を実務的に行うのが『ＣＤＣ（米国の疾病対策センター）』で、官僚や政治家は何をやればいいかというと、例えば、ロジ（スティック＝資材調達・輸送・管理）をやるべきです。予算をつけるとか、物品を提供するとか、医療機器を準備するとか、そういったことは官僚は得意なので、そういう周辺のアレンジメントはいいのですが、科学的意思決定とか、隔離解除基準というのは、政治家マターではなくて、科学者マターなのです。科学的なことを政治的に決着をしてしまうことが、今までの感染症対策の非常に大きな問題でして、そこをきちんと区別できるのかが大切になります」（岩田氏）

安倍政権のコロナ対応の致命的欠陥——科学者マターを政治家マターにしていること——をズバリ指摘するものではないか。「専門家の意見を聞いている」と言うところの専門家委員会の委員長は、感染症対策には専門外のウィルス学者にすぎず、感染症対策のプロを欠いた〝素人集団〟が政府方針の追認しているように見えるというのだ。ＣＤＣが科学的決定をする米国と政治家主導の日本との決定的な違いともいえる。

締め括りの質問として原口氏が「国民の皆様、政治家に向けて今の時点で一番訴えたいことを仰っていただけないでしょうか」と問い掛けると、岩田氏は次のように答えた。

岩田氏　この問題は非常に重要な問題で、そして日本のコビットがどうなるかを世界中が注目しています。いま、これをきちんとやれば、世界も日本の対策を認めてくれるでしょう。それは、都合の悪いことを隠すのではなくて、都合のいいことも悪いこともちゃんと公開して初めて、日本のアカウンタビリティ（説明責任）を信用してもらえると思います。みんながそれを願っていると思うので、是非、すべての方がそういう原則に基づいて、世界の方も『日本は大丈夫だな』と思っていただけるような対策を我々はするべきだと思いますし、頑張りたいと思います」

ヒアリング冒頭で岩田氏の経歴紹介をしてなかったことから、自己紹介で締め括ることになった。

「神戸大学に勤めていますが、今日言ったことは私の見解で神戸大学の見解を代表するものではありません。感染症を生業にして、この仕事を二〇年以上やっています」（岩田氏）。

5　〝アベノマスク〟イエスかノーかなどコロナ対応が争点となった静岡四区補選

望月義夫・元環境相の死去に伴う「衆院静岡四区補選（四月一四日告示・二六日投開票）」は、安倍政権（首相）の新型コロナウィルス対策を問う与野党激突選挙だった。枝野・立民代表が「感染拡大防止と緊急経済対策は多くの有権者が関心を持ち、与野党の違いが明確」（四月七日の会見）と争点化に意欲を見せる中、同党の大串博志・幹事長代理は四月一一日に現地入り、富士宮駅前で〝アベノマスク〟をこう批判した。

「安倍政権の対策は後手後手で場当たり的。布マスク配布に四六六億円を使うのなら、医療体制強化や検査数増加や生活費支給をして欲しい。補選は安倍政権が是か非かが注目される国政選挙。『安倍総理は何をやっているのだ！』という声を田中候補に託してほしい」

続いてマイクを握った共産党の小池晃書記局長は、自粛要請と休業補償がセットでないことが最大の問題と指摘し、「補償なき緊急事態宣言では命は守れません。この補償を実現する願いを田中健さん（四二歳）に託して下さい」と訴えた。また制限が加えられている現金給付についても小池氏は、「複雑で不公平も生む」「（国民が）苦しんでいる時に分断を持ち込むやり方は最悪と言わざるを得ない」と一刀両断。簡潔でスピード感のある「国民一人当たり一律一〇万円給付」（野党統一政策）への方針変更を田中氏勝利で実現しようと訴えた。

さらに安倍政権の公立公的病院統廃合が静岡でも進行中で、地域医療を担う「共立蒲原総合病院」と「清水厚生病院」と「桜ケ丘病院」が統廃合対象であるとも小池氏は紹介。「ベッドが足りないと言っているのにベッドを減らすのは支離滅裂」「国民の命を守る政治に変えていこう」とも呼びかけた。

最後にマイクを握った元都議の田中氏は、銀行員時代の初任地が大田区で、不良債権処理が主な仕事。「赤字企業は潰せ」という政治決断で町工場が潰されていく世界を目の当たりにしたことが政治家を目指す出発点と振り返った後、人口減で衰退していく故郷を再興したい思いから静岡に帰って来たと出馬の経緯を語り、こう意気込んだ。

「安倍政権を倒すチャンスということで野党が一致しました。皆さんの思いを背負って、静岡から日本を変えていく戦いにしていきたい」

今回の補選は「アベノマスク撤回・国民一律一〇万円給付・自粛と補償のセットにする」といった民意を安倍政権に突き付け、方針変更させることを迫る戦いとなっていた。自宅で貴族のようにくつろぐ動画が公開された安倍首相イエスかノーかを問う〝アベノマスク（貴族）選挙〟ともいえたのだ。

一方、自民公認で公明推薦の深沢陽一候補（四三歳）は、新型コロナウイルス感染防止のために異例の対応をしていた。実質的な一騎打ちとなる相手候補と野党幹部が街宣をした四月一一日、静岡市清水区の選挙事務所を訪ねたが、「今日の街頭演説の予定はありません」（選対幹部）との回答。四月一四日の告示日までも街宣や個人演説会は開かず、恒例の出陣式も中止したというのだ。

「自民党が得意とする組織的な街宣や演説会が開けないため、企業団体などの有力な支持者を回って推薦をもらうのが主な選挙活動になっています。候補者の訴えはネット上で見ていただくことになります。新型コロナウィルス対策については、地元の声に耳を傾けて集約、政府与党につないでいくと訴えています」（選対幹部）。

実際、自公の支援を受ける深沢氏の選挙事務所には、壁一面に企業団体の推薦状や「祝必勝　自由民主党総裁安倍晋三」などと書かれた自民党重鎮の張り紙が並んでいた。

そして一四日の告示日には、今まで見たことのない光景が現れた。静岡市清水区のお寺で望月氏の墓参りを終えた深沢氏が岸田文雄政調会長とテレビ電話でつながり、こんなメッセージを受け取ったのだ。「（応援で）現地に入れないことを大変申し訳ないと思っていますが、我々も我々の立場で出来ることを全力取組みますので、どうぞ頑張って下さい」

こうしてモニター画面越しに激励された深沢氏は、望月氏の後継候補であることを全面に出す第一声をあげた。「望月先生の後任として、しっかりと責任を果たさなければいけない」

また「新型コロナウイルスの感染が広がる中、市民が抱く不安や不自由の声を幅広く聞いて政府に届ける」とも訴え、第一声はネットで生中継もされた。弔い合戦と中央との太いパイプをアピール、〝アベノマスク〟などの安倍政権への負のイメージを払拭しようとした形だ。

弔い合戦であることから「深沢氏優位」の予測が流れていたが、波乱要因もあった。れいわ新選組の山本太郎代表が、消費減税も訴える田中氏への支持表明をする可能性があったことだ。

四月一一日の街宣後の囲み取材で、大串幹事長代理に「田中候補は消費減税も訴えているが、山本太郎代表に改めて協力要請を呼びかけることはないのか。今までは消費減税が（れいわを含めた野党選挙協力の）ネックだったが、田中候補はクリアしている」と聞くと、こう答えた。

「『山本太郎氏が安倍政権と対峙していきたいと考えている』と思うので是非、協力して欲しい。田中候補も消費減税を訴えているので是非、山本代表には応援をして欲しい」。

国民民主党の玉木雄一郎代表にも四月一二日の会見で同じ質問をしたが、「ぜひ応援いただきたいと思います」と同様の回答だった。

新型コロナウィルスの感染拡大を受けて支持拡大の原動力といえる全国ツアーを二月から自粛しているれいわ新選組だが、それでも支持率は野党第二党の国民民主党と同程度を維持していた。しかも四月六日に発表された「れいわ新選組のコロナ緊急提言」は、「『真水一〇〇兆円』で、徹底的にやる！　出歩くな、自粛しろの代償は、国が補償しなければなりません」と銘打ったもので、「消費税ゼロ」や「一人あたり二〇万円の現金給付」や「イベント自粛や飲食店、中小零細・個人事業主と労働者への損失補填」など緊急対策が並んでいた。田中氏や応援弁士が訴える内容と重なり合い、野党陣営にれいわ新選組が加わって田中支持を表明しても全く違和感が抱かない状況になっていたのだ。

しかし山本代表の支持表明はないまま、補選の四月二六日の投開票を迎えた。結果は、深沢氏が田中氏との実質的な一騎打ちを約三万二千票差で制した。しかし弔い合戦とは思えないほどの守りの選挙を強いられてもいた。安倍政権の空疎な新型コロナウィルス対策への有権者の反発が見て取れる選挙戦となっていたのだ。

前述した通り、告示前に現地入りした小池氏は、制限付三〇万円給付を「複雑すぎて分からない」「国民に分断を生む」と批判し、田中氏も「簡潔に迅速に一〇万円を給付する」と呼応していた。すると、この野党の要求を代弁するような形で公明党が安倍首相に迫り、方針変更をすることになった。補選中に、政権与党のコロナ対策に反映される展開となっていたのだ。

しかも与党系候補の深沢氏は選挙戦最終日の四月二五日、野党の要求に応えたことを謙虚に認めた上で、これを「成果」とアピールする異例の訴えをしてもいたのだ。

「(一〇万円一律給付への方針変更について)安倍総理が『今回は国民から与野党を問わず、様々な声が寄せられた』と説明。『それ(条件付三〇万円給付)は駄目だ』という声が寄せられ、政府が応えた。これが大事なことだと思います」。

前代未聞とはこのことだ。安倍政権はこれまで野党の主張をほとんど無視し続けてきたが、今回の補選では野党の駄目出しの声に応えた。そしてこの政権の姿勢を前面に押し出していたのだ。

深沢氏は最後の囲み取材でも「有権者、特に飲食店の皆様から『本当に経営状態が厳しい』『今の国の制度では救われない』『消費減税をして欲しい』という要望が寄せられた」と述べ、政権のコロナ対策への批判にさらされたことを認めた。

野党側の成果は他にもあった。「消費税は五％に戻す」が持論の田中氏は「自粛と補償はセット」などと安倍政権のコロナ対策を批判する一方で、消費減税も訴えていた。最終日の囲み取材で、私が「（消費税五％減税を野党選挙協力の条件にする）山本太郎代表も応援に来れば良かったのではないか」と聞くと、「来て欲しかった」「私個人的にもお願いをさせてもらった」と田中氏は答えた。

今回の補選には間に合わなかったが、消費減税も訴える野党統一候補をれいわ新選組も含めて支援する環境整備が一歩進んだといえるのだ。

第2章　「カジノのたぬき」こと小池知事は再選後にカジノ誘致表明確実

1 安倍政権は「トランプの腰巾着」とズバリ指摘した藤木横浜港運協会会長

林文子・横浜市長がカジノ誘致を表明した翌二〇一九年八月二三日、〝横浜のドン〟こと「横浜港運協会」藤木幸夫会長が記者会見。カジノ推進の急先鋒の菅義偉官房長官（神奈川二区＝横浜市西区・南区・港南区）を「安倍首相の腰巾着」と一刀両断、「俺は命を張ってでも反対する」「私はハードパワーと闘うつもりでいるよ」と誘致阻止に向けて徹底抗戦することを宣言したのだ。

八九歳（当時）とは思えない迫力ある藤木氏の会見映像がテレビで流れると、カジノ反対が大多数の横浜市民からは「久しぶりに本当に感動した」といった声が相次いだという。八日後の八月三一日に横浜市内で開かれた講演「横浜港の未来に向けて」は、満員御礼状態で会場に入れない人が続出。その講演の最後にも藤木氏は「（カジノ誘致阻止を）私は命がけで、一人でやります。死ぬ時は一人で死にます」「いつ死んでもいい覚悟。本当は嫌だけど、覚悟しないと何もできない！」と啖呵を切り、大きな拍手が会場に響き渡った。

横浜市民の「期待の星」のような存在となった藤木氏と菅氏がカジノ誘致をめぐって対決することになったのは、八月二三日の会見。横浜へのカジノ誘致について藤木氏は「顔に泥を塗られた。泥を塗ったのは林さんだけど、塗らせた人がいる」と切り出し、その背後にいる誘致推進勢力を「ハードパワー」と称した。そこで、私は次のように聞いてみたのだ。

――（そのハードパワーは）地元選出で影の横浜市長とも呼ばれている、林市長にも大きな影響力を持っている菅官房長官としか考えられないというふうに聞こえたのですが。

藤木会長　それはあなたの自由。

――菅官房長官は秋田から出てきて横浜が第二の故郷で、若いときからよくご存知かと思うのですが、横浜に世話になった菅官房長官が横浜を米国カジノ業者に植民地として売り渡すような行為を推進する側に回っていることについてどう思われるのか。

藤木会長　いま菅さんという名前をあなたが言うから申し上げるけど、とても親しいですよ。いろいろなこと、昔から知っているし、彼もオレを大事にしてくれるし、ただ今、立場がね。（菅氏は）安倍さんの腰巾着でしょう。安倍さんはトランプさんの腰巾着でしょう。そこで国家安全保障という大きな問題があるでしょう。今の安倍さんも菅さんもトランプさんの鼻息をうかがったり――。寂しいよ。寂しいけれども現実はそうでしょう。いずれにしても個人的な名前は省いて、いまハードパワーが横行している。

「菅氏がハードパワー」という断定は避けたものの、「菅官房長官は安倍首相の腰巾着。安倍首相はトランプ大統領の腰巾着」とズバリ指摘することで、米国に「ＮＯ！」と言えない〝安倍下僕外交（政治）〟が横浜へのカジノ誘致を引き起こしたと言い切ったのだ。

ちなみに秋田生まれの菅氏にとって横浜は第二の故郷といえる。藤木氏の盟友（〝兄弟分〟）の小此木彦三郎・元建設大臣の秘書を一〇年以上務めた後、横浜市議を経て国会議員から官房長官にまで登り詰めたからだ。藤木氏は菅氏の「後見人（育ての親）」に等しい恩人で、両者は「師匠と弟子」のような関係を続けてきたともいえる。

しかし今や菅氏は、世話になった藤木氏が命がけで阻止しようとするカジノ誘致を推進する側に回り、第二の故郷・横浜を米国カジノ業者に〝献上〟する売国奴的役割を演じようとしているのだ。米国の鼻息をうかがうことばかりする安倍政権に対して、藤木氏が「寂しいよ」と漏らしたのはこのために違いない。敗戦から七〇年経った今も、米国の占領下状態に等しい〝安倍下僕外交〟が続く現実を目の当たりにしながら質問を続けると、藤木氏から冒頭の徹底抗戦宣言が飛び出したのだ。

――ということは、トランプ大統領は（米国カジノ業者の）「ラスベガス・サンズ」のアデルソン会長から莫大な献金をもらって、そのラスベガス・サンズが「横浜に進出する」と表明して、そういうアメリカの意向を受けて日本政府がなかなか反論できなくて、これをハードパワーとして推し進めているのではないか。こういう構図と理解していいのでしょうか。

藤木会長　「うん」と言ったら、オレが言ったことになってしまうからね。オレは命を張ってでも反対するから。自分で出来るのはそれだけだ。後、市民の皆さまがどうなるかはまた一人一人違う。私は港湾人として、ハードパワーと闘うつもりでいるよ。

長年世話をした菅氏が対米追随の安倍首相の腰巾着となり、トランプ大統領の大口献金者である米国カジノ大手「ラスベガスサンズ」などの海外カジノ業者が横浜進出を表明する中、日米両政府と海外カジノ業者が合体した巨大政財界複合体（ハードパワー）に、藤木氏は命がけの闘いを挑もうとしているのだ。

当初は菅氏と同じカジノ誘致賛成派であったことも、藤木氏は打ち明けた。八月三一日の講演ではこう振り返った。

「カジノの問題が出始めた頃、私は官房長官の菅さんに電話しまして、『議員会館の自分の部屋に二〇分、時間を作って来ていてくれ。俺が行くから』と言って二人きりで話をしたのが、カジノの私の態度表明なのです。私は『カジノ反対だよ。博打だから』と言った。私の友達で（博打で）おけらになったのがいっぱいいるから。だけれども最後に『（カジノを）やるならオレがやるよ』と言ったら、彼は『はい』と言いました。さらっとした会話で、意思の疎通をはかっておいた」

続いて藤木氏は、賛成から反対に変わった理由についても語っていった。

「我々の足元に依存症で苦しんでいる人がいっぱいいる。子供が苦しんでいる。私自身が社会福祉法人を（経営）している。だから、そういう人達の生々しい話、お母さんがパチンコ屋入り浸りで、お父さんは酒を飲んで何かあったら機嫌が悪くて引っぱたかれるし、いられないから逃げて（施設で）暮らしている。そういう家庭の方が足元にあることを知らなかった」（藤木氏）。

依存症学会の会長を呼んで勉強会を開いた藤木氏は、「旦那が（ギャンブル）依存症で駄目になり、自分自身も依存症になって惨めになる。こんなひどいものはないのだ」といった生々しい話を聞いていくうちに、「えらいものが横浜に来てしまうぞ」と思ってカジノ反対へと考えを変えたという。藤木氏が「気が変わるのは得意だけれども、これ（カジノ）だけは二度と言いませんから」と断言したのはこのためだ。

そして藤木氏は「カジノは『秒殺』、『秒で殺す』。楽しんでいる暇はないそうです。何億円というお金をかけても一瞬、一秒でおけらになってします」とカジノの恐ろしさを伝える側に回った。集会の最後に藤木氏は、世界中の情報が集まっていることを参加者に明かした。「世界の反応をちゃんと取っています。この横浜の反対運動に、各国の関係者が拍手しています。私は毎日毎日、張り合いがある。皆さん、よろしくお願いします（拍手）」。

藤木氏の命がけの〝徹底抗戦宣言〟は、横浜市民に共感を呼んでいるという。藤木氏の講演を聞いていた地元選出（神奈川八区）の江田憲司衆院議員は、直後の挨拶でこう切り出した。

「『死んでも阻止する』とテレビで報道されて、感動を呼んでいる。主婦の皆さんが見て『久しぶりに本当に感動した』という声が多く寄せられている。我々、政治家もそれだけの覚悟を持ってやらないといけないと思いました」

続いて江田氏は、カジノ阻止に向けた横浜市民との連携も呼び掛けた。

「これは普天間飛行場の辺野古移設と同じです。（安倍政権は）何を言っても強行してきます。『これをどうやって止めていくのか』という意味で今日、『あらゆる手段を駆使して阻止しよう』という緊急アピールを出しました。そのあらゆる手段は皆さんがお決めになる」「とにかく我々の横浜の将来、我々の子や孫の将来を真剣に考えれば、『横浜カジノ誘致』という選択は絶対にありえないと思います。皆さんと共に頑張りたいと思います」（江田氏）

藤木氏の熱き訴えが、国会議員を触発しながら横浜市民の間に熱伝導のように広がり、カジノ反対の気運が急速に盛り上がっていくのは確実だ。林市長のカジノ誘致表明によって突如、「海外カジノ業者と安倍政権のハードパワー連合　対　カジノ阻止派（藤木氏や横浜市民や政治家ら）」という〝バトル〟が勃発した。横浜から目が離せない。

2　カジノ汚職で秋元司・元IR担当副大臣逮捕

元IR担当副大臣の秋元司衆院議員が中国企業側からの収賄容疑で二〇一九年一二月二五日に逮捕された。現職国会議員が逮捕されるのは約一〇年ぶりで、カジノを含むIRを成長戦略と位置づけて推進してきた安倍政権を直撃。立憲民主党の枝野代表は翌二六日の会見で「カジノそのものの正当性が根底から覆った問題」「カジノは反社会的勢力の悪用も含めて、やるべきではないと言ってきた。法制定のプロセスから進めていた人間が反社会的勢力だった」と批判した。同党の安住淳国対委員長も「（カジノで地域振興をはかる）安倍内閣の方向は大きく間違っている」と一刀両断にした上、野党合同でカジノ禁止法案を提出すると記者団に明言をしたのだ。

また、「桜を見る会」追及で陣頭指揮を取った安住氏は、「『カジノは日本に要らない』という運動を起こし、カジノ推進の安倍内閣の責任を徹底的に追及していきたい」と意気込んだが、カジノ反対運動と野党の連動は、逮捕前から既に始まっていた。二〇一九年一二月二二日に横浜で開かれたカジノ反対集会では、「カジノの是非を決める横浜市民の会」共同体表の小林節・慶應大学名誉教授や国会議員や市民団体関係者がマイクを握っていったが、畑野君枝衆院議員（共産党）は、秋元議員逮捕を機に国会と横浜が連携していこうと呼びかけたのだ。

「三年前、（二〇一六年）一二月一五日に衆議院の本会議でカジノ法が強行（採決を）されました。その時の（法案審議をした）内閣委員会の委員長は秋元司衆議院議員なのです。その後、二〇一七年八月から二年間、観光担当の国土交通副大臣とIR担当の内閣府副大臣を兼務。その権力を使って何をやったのか。秋元さんはこの中国のカジノ企業と一緒になって、まず『沖縄にカジノを』ということでシンポジウムに参加し、この企業と一緒に中国の本社に行き、またマカオにも行って来たのです。

つまりカジノは（内閣）委員会の国会質疑からもうドロドロ、グタグタ、真っ黒だった。だから、こんな法律は廃止にする以外にありません。国会と連携をして徹底的に暴露、この横浜から『全国からカジノ利権は許さない』という声を上げて、林文子（横浜）市長も変えよう、安倍政権も変えよう。野党連合政権に向けて共に頑張りましょう」

二〇一九年末の秋元議員逮捕で、カジノ禁止法案を合同提出した野党連合と、カジノ推進の安倍政権の攻防が激化するのは確実というわけだが、次期総選挙の大きな争点になることも間違いないだろう。カジノイエスかノーかを問う〝賭博審判選挙〟となるというわけだ。

その前哨戦となる七月の東京都知事選でも、カジノが大きな争点になりそうだ。「林市長のリコールまで進むべきだ」と訴えた小林氏に続いて古賀茂明氏は、小池知事が林市長と同じようにカジノ誘致表明をすると明言したのだ。

「東京が来年（二〇二〇年）、出てきますからね。小池百合子さんが横浜の林さんのお手本を見習って、『やらない』『やりそうもない』という振りをして都知事選再選されれば、必ず（カジノ誘致自治体として）立候補します。そこで東京都民と横浜市民の間でババの引き合いというか、ババの押し付け合いになりますからね。どっちが頑張るかです。皆さん、最後まで頑張りましょう」

集会終了後、古賀氏に小池知事について聞くと、こう補足してくれた。

「小池知事が『カジノ誘致は未来永劫しません』と一筆を書いて都民に示されるようなことがない限り、小池知事は再選後に必ず誘致表明をするでしょう。だから、都知事選でカジノ反対を明確に訴える候補を擁立、東京へのカジノ誘致を認めるのか否かを一大争点にすることが重要。都知事選で野党が勝利すれば、総選挙に弾みがつき、政権交代の気運が高まります。都知事選は、海外カジノ業者の東京進出を認めるのかを問う住民（都民）投票の意味を持つのです」

この古賀氏発言から五日後の二〇一九年一二月二七日、〝隠れカジノ推進派〟と見なされた小池都知事会見に参加。この日も指されなかったので会見終了直後、大声を張り上げた。

「知事、都知事選後にカジノ表明をするのではないのか。林（文子）市長と同じように都民を騙すのか。争点隠し選挙をやるのではないのか。未来永劫、カジノをやらないと言えますか」

しかし小池知事は一言も発することもなく、会見場を後にした。

二〇一七年の横浜市長選で林市長はカジノ誘致について「白紙」と言って当選した。二年後、アンケート調査で七割が反対の市民の声も聞かないで、カジノ誘致を二〇一九年八月二二日に表明をした。

「騙された」「二枚舌」「背信行為」などと市民が怒り、住民投票や市長リコールに向けた動きを活発化させているのはこのためだ。こうした先例があるため「小池知事も同じような争点隠し選挙をするのではないか」という疑いの眼差しが向けられているのだ。賛否を明らかにせずに再選後にカジノ誘致表明をすれば、小池氏は「カジノのたぬき」と呼ばれても仕方がないだろう。

　両者の共通点は他にもある。アベ自民党との距離の近さだ。林市長の〝変節〟は、カジノ推進の急先鋒で「影の横浜市長」とも呼ばれる菅官房長官の意向抜きにはありえないと見られている。

　年明けの二〇二〇年一月一〇日の会見でも、〝お気に入り記者〟を優先的に指名する小池氏の〝記者排除（差別）〟に変わりはなく、声掛け質問を続けた。一月一〇日初会合の「カジノ管理委員会」の委員の一人が樋口建史氏（六六）元警視総監で、その息子が「都民ファーストの会」の樋口高顕・都議（千代田区）であったことから、「都民ファの樋口都議の父親がカジノ管理委員会メンバーで問題ではないか。カジノ誘致の布石か」と会見終了直後に叫んだが、この日も無言のままだった。東京がカジノ誘致をした場合、小池知事与党の都議から父を介して「カジノ管理委員会」に規制緩和などの要請が可能となるが、こうした事態についての説明責任を小池氏は果たそうとしなかったのだ。

　翌週の一月一七日も指されない〝記者排除〟が続いたので「カジノ争点隠し選挙で都民を騙すのか。林文子市長と同じ手口を使うのか」と三度目の声かけ質問をしたが、無反応状態が繰り返されただけだった。都合の悪い質問をしない〝お気に入り記者〟を優先的に指すことで、〝隠れカジノ誘致派〟の化けの皮が剥がれないようにしているとしか見えないのだ。

　二〇一七年七月の都議選で圧勝した勢いで「希望の党」を結成、安倍政権打倒の急先鋒となった時期もあった小池氏だが、二〇一七年一〇月の総選挙で敗北した後は二階俊博幹事長との蜜月関係を使って自民党との関係を改善。二〇一八年の沖縄県知事選では自公推薦候補の応援にかけつけるなどの努力が実って、二〇一九年一二月には安倍首相から「小池氏に勝てる候補はいないのではないか」という都知事選再選のお墨付きをもらうまでに至った。

安倍首相と小池氏が「都知事選で自民系候補を出さない代わりに再選後にカジノ誘致表明をする」という密約を交わすことは十分に考えられる。〝記者排除〟を繰返しながら声掛けにも無言の対応を見ると、この密約説が現実味を帯びてくる。

そんな中で七月五日投開票の都知事選は、海外カジノ業者の東京進出を認めるのかを問う住民（都民）投票の意味を有しているのだ。

3　菅官房長官は安倍首相の腰巾着

「（国会議員の逮捕者を出したカジノ汚職事件は）私たちには追い風でしょう。でも、あんなことは政治家なら、みんなやっていることだから。ＩＲが絡んだだけの話で。全部書いたら、何百ページあっても新聞は足りないよ。彼ら（政治家）は何でも飯の種にする」。

こう意気軒昂に話すのは、〝ハマのドン〟こと横浜港運協会の藤木会長（九〇歳）。林横浜市長がカジノ誘致表明をした二〇一九年八月二三日、「オレは命を張っても反対する」と会見で絶対反対を表明した後、しばらく鳴りを潜めていたが、林市長や黒岩祐治・神奈川県知事らも参加した二〇二〇年一月六日の賀詞交歓会（港運協会主催）で挨拶、四か月ぶりに表舞台に登場。囲み取材でもメリハリの利いた弁舌を披露、健在ぶりを見せつけたのだ。

全国ニュースとなった二〇一九年八月の会見では、カジノ誘致の背景にある〝アベ米国下僕政治〟を含蓄のある言葉で藤木氏は説明。「（林氏の背後にいる）菅官房長官は安倍首相の腰巾着。安倍首相はトランプの腰巾着」と指摘した上で、カジノ推進勢力を「ハードパワー」と呼んだのだ。

日米政治構造を分かりやすく語る藤木氏を会場出口で四か月ぶりに直撃、「安倍首相の腰巾着ぶりに変わりはないですか」と尋ねると、こんな答えが返って来た。「『安倍首相はトランプ大統領の腰巾着』というのはほめ言葉なのです。（腰巾着の）巾着は、お金が入っているがま口でしょう。スポンサーのことを言う。悪い意味で解釈をしては駄目なのです」。

褒め殺しとはこのことだ。マイケル・ウォルフ著『炎と怒り　トランプ政権の内幕』の中で大口献金者のアデルソン会長は、「大統領によれば、ユダヤ人タフガイのなかでも最高のタフガイ（つまり最高の金持ち）らしい」（二三四頁）と紹介されているが、アデルソン会長率いるサンズが儲かれば儲かるほど、トランプ大統領の献金額は増えるという相関関係にあるのは間違いない。賭博場という〝金の成る木〟を海外カジノ業者に献上する「米国益第一・日本国民二の次」の安倍首相（政権）はカジノ法案を成立させ、トランプ大統領のスポンサー役をしているといえるのだ。

藤木氏はカジノ反対の考えに変わりはないとも強調。「『カジノは悪いものだ』ということがだんだん浸透して来ているでしょう」とカジノ反対の世論が盛り上がりつつあることにも触れた。

秋元司・元ＩＲ担当副大臣逮捕（中国企業「500.com」らの収賄容疑）で勢いづく野党にとっては、藤木氏の再始動は強力な援軍が出現したようなもの。カジノを含むＩＲを成長戦略と位置づけて推進してきた安倍政権に対峙する勢力に厚みが出来たともいえる。

「桜を見る会」と同じように主要四野党は一二月二八日にカジノ問題追及本部を設置、年明けの一月七日に初会合を開いて、カジノ反対運動に長年取り組む新里宏二弁護士から聞き取りをした。一週間後の一月一四日には、横浜市のカジノ誘致候補地である「山下埠頭」を現地視察、市担当者から説明を聞いた後、ここからの立退きを拒否している先の「横浜港運協会」でヒアリング。藤木氏の側近である水上裕之・同協会常務理事から、カジノ抜きのリゾート開発計画（藤木氏が賀詞交歓会で紹介）についての説明を受けた。その後、追及本部を代表して立憲民主党の大串博志・幹事長代理が、藤木氏に対して野党ヒアリングで話をして欲しいとの要請もした。菅氏と正反対の立場となった藤木氏と野党が、海外カジノ業者の日本進出（日本国民の国富流出）阻止で共闘し始めたといえる。

二〇二〇年一月三日には読売新聞が「『衆院五議員側に五〇〇万円』―ＩＲ汚職　中国企業側がメモ」と銘打って国会議員の実名を公表した。自民党の中村裕之衆院議員（北海道四区）と船橋利実衆院議員（比例北海道）と宮崎政久衆院議員（比例九州）と前防衛大臣でＩＲ議連幹事長の岩屋毅衆院議員（大分三区）の自民党議員四名と、維新のＩＲ議連副会長の下地幹郎衆院議員（比例九州）の合計五名だ。

贈賄側の「500.com」は北海道と沖縄への進出を目指しており、中村氏と船橋氏は北海道、下地氏

（沖縄一区で落選して比例復活）と宮崎氏（沖縄二区で落選して比例復活）が選挙区だが、このうち現金授受を一月六日に認めたのが、宮古島市の建設会社副社長を経て政界入りした下地氏だ。菅官房長官と当選六期の同期で「しもちゃん」「すがちゃん」と呼び合う親密な関係で、官邸との太いパイプを利用して暗躍することでも有名だった。

「大阪組（現在の維新）」と「東京組（後に民進党と合流）」に分裂する前の元維新幹部は、「下地氏の独断専行に苦労した」と当時を振り返る。「二〇一四年の安保法制審議の際、維新執行部が合憲の独自案を出して安倍政権と対峙している真っ最中に下地氏は水面下で勝手に与党側と接触、党の了解なしの折衷案を示して妥協をはかろうとした。当時の執行部の姿勢を無視して政権補完路線に邁進、独断専行の暗躍を得意としていた。維新議員と匿名で報じられた段階から『下地氏のことだろう』とピンと来ていたが、読売の実名報道で予想が的中することになった」

一月一八日にも記者会見を開いて議員辞職をしないことを表明した下地氏は一〇〇万円の政治資金収支報告書への未記載については非を認めたが、贈賄企業側に便宜をはかっていないと強調、収賄罪の疑いを否定した。

下地氏が現金を受け取ったのは、解散・総選挙となった二〇一七年一〇月。沖縄事務所で、逮捕された「500.com」の紺野昌彦・元顧問から職員を介して受領した。しかし秋元・元IR担当副大臣のような職務権限がなく、かつ請託をうけなくても、「職務に関し、賄賂を収受・要求・約束したとき」に収賄罪（刑法一九七条）が成立する。カジノ法案成立に尽力した「IR議連」副会長で官邸と太いパイプを有し、中国企業が進出を目指した沖縄が地盤の国会議員であれば、「500.com」が下地氏の政治力が沖縄進出にプラスになると考えて一〇〇万円を提供したようにみえる。「職務に関してワイロを受け取った」と見なされる可能性は十分にあるのではないか。

当時、カジノ業者の沖縄進出の障害になっていたのが、翁長雄志県知事がカジノ反対であったことだ。しかし翌二〇一八年の沖縄県知事選でカジノ賛成知事が誕生すれば、沖縄カジノへの誘致の可能性が一気に高まる。この障害をなくそうとすることにも下地氏は汗をかいた。

そもそも二〇一四年の沖縄県知事選に出馬（落選）した下地氏は選挙戦でカジノ誘致を訴えたが、翁長前知事の遺志を引継いだ玉城デニー知事と佐喜眞淳・前宜野湾市長（自公推薦候補）が激突した二〇一八年の沖縄県知事選でも、カジノ誘致を否定しない佐喜眞氏の支援で汗をかいた。贈賄側の中国企業が沖縄進出をしやすくなる選挙結果になるように精力的に動いていたといえるのだ。

維新の松井一郎代表は下地氏に対して「裏金をもらったならけじめを」「議員辞職すべき」と厳しい姿勢を示したが、そもそも維新は大阪への誘致を進めるカジノ推進の急先鋒だ。また〝維新創業者〟といえる橋下徹氏と松井氏は、安倍首相と菅官房長官と定期的に食事をするほどの蜜月関係にある。

しかも橋下氏が二〇一九年一月に出版した『沖縄問題、解決策はこれだ！これで沖縄は再生する。』（朝日出版社）では、大阪から沖縄へのカジノ参入権譲渡を提案、中国人富裕層が沖縄で大金を落とすというメリットも強調していた。下地氏に現金を提供した「500.com」が大喜びをするような近未来図を自著で具体的に示していたのだ。

「（カジノの）法律が成立する前の話ですけど、僕と松井府知事と菅官房長官で話をした時に、もし沖縄が手を挙げたら、沖縄には必ずIRを認めてあげなければならないね、という認識で一致していました。まずは沖縄の振興、本土から沖縄への感謝です。残りの二枠で大阪はIRの誘致を勝ち獲るつもりでした。ですから沖縄がもし名乗りを挙げたら、沖縄は確実にIRを誘致できると思います」（一五五頁から一五六頁）。「もし沖縄のみなさんが、IRを沖縄でやらせてくれ！　と声を上げれば、大阪は喜んで沖縄のみなさんにお譲りします。沖縄が東洋一の観光リゾートになることは日本にとって本当によいことです」（一六二頁）

橋下氏はカジノ実施法案成立（二〇一八年七月）の前に、政権ナンバー二でカジノ推進の急先鋒である菅氏と話をつけていたのだ。

「私人」を自称する橋下氏だが、実際は維新の最高権力者なのではないか。維新の目玉政策であるカジノ（IR）誘致に大阪が成功したとしても、沖縄が誘致表明をすれば、「お譲りします」と断言していたからだ。形式的には維新代表は松井氏だが、実質的には役職なき橋下氏が重要政策の決定権をも有する二重構造になっているように見える。維新所属の衆院議員だった下地氏を手駒のように使いながら、下地氏と懇意な菅氏とも連携しながら、「500.com」も目指した沖縄カジノ開設に動いていても違和感を全く抱かないのだ。

第3章 「緑のたぬき」小池知事は政権交代のチャンスを逃す

1 電波ジャックに成功した小池劇場第一幕

二〇一七年秋の解散・総選挙（同年一〇月一〇日告示・二二日投開票）は、政権交代前夜を予感させる演出効果抜群の〝小池劇場〟（政治ショー）から幕開けをした。安倍晋三首相が解散表明会見に臨んだ九月二五日、その直前に新党結成・代表就任・脱原発の目玉政策化を発表。間髪を置かずに一時間後には「原発ゼロ」を訴え続けていた小泉純一郎元首相と都庁で面談して、「頑張って」と激励もされる映像は全国放送された。

「原発ゼロ」の旗の下に非自民勢力が結集し、原発推進の安倍政権（首相）と対決する構図が瞬時に可視化されたともいえる。安倍首相が主役になる日に仕掛けて〝電波ジャック〟に成功、〝小池劇場〟に登場した〝政治的俳優〟（小泉元首相）も知名度抜群で、しかも目玉政策の「原発ゼロ」も国民の大多数が望むことだった。まさに「メディアコントロールの天才」と名付けたくなるほどの見事な第一幕だったのだ。「五年前（二〇一二年）の日本未来の党のリベンジができる」と嘉田由紀子・前滋賀県知事（現・参院議員）の期待感が膨らんでいったのも、無理もないことだった。

「原自連」会長の吉原毅・城南信用金庫相談役はこう振り返る。

「〝小池新党（希望の党）〟のエネルギー政策（原発政策）について意見交換をするために、小泉純一郎元首相と小池百合子都知事（希望代表）が九月二五日に対談したのではありません。脱原発や自然エネルギー導入促進を目指す『原発ゼロ・自然エネルギー推進連盟』（原自連）の中入れをするための会合でした。だから新党代表就任も原発ゼロ政策も、面談直前まで知らなかった」

吉原氏は「原発ゼロ社会実現」を訴える〝全国講演行脚〟を続ける小泉元首相の〝盟友〟で、各地の講演に随伴するだけでなく、二〇一六年五月の訪米（東日本大震災被災者救助の「トモダチ作戦被曝兵士」からヒアリング）にも同行。サンディエゴでの小泉元首相の涙の記者会見にも立ちあった（小泉純一郎談・吉原毅編『黙って寝てはいられない』参照）。

原自連顧問の小泉元首相と吉原氏とは原発ゼロ社会実現を目指す〝盟友〟のような間柄であったからこそ、原自連メンバーと共に小池都知事（希望代表）との面談に同席することになったのだ。吉原氏はこう続けた。

「驚いたのは〝極秘会談〟という話だったのに、マスコミが小泉元首相を待ち構えていたことです。都庁の担当者からは『小泉元首相を乗せた車を地下二階の駐車場に止めて下さい。人目につかないように特別のエレベーターで案内します』という説明を受けていていたのに、なぜか、その地下駐車場にNHKとフジテレビ（注　二九頁の〝お気に入り記者ランキング〟に共に入っている）が張り込んでいました。『小泉元首相が小池都知事に会う現場を撮影して下さい』と言わんばかりの対応で、恐らく小池都知事がリークしたのでしょう。『原発ゼロで小池都知事と小泉元首相が意気投合した』という話題になるように仕組まれたのは間違いありません」

放送されたニュースを見ると、脱原発新党結成と原発ゼロ公約化に向けて小泉元首相と小池知事が面談したかのように見えたが、実際の経緯は視聴者の印象とは異なっていたのだ。

「私の感じでは、小泉元首相との面談（対談）が決まったので、新党結成・代表就任・原発ゼロ表明をその日に合わせたのでしょう。ただし新党代表就任の直後に『原発ゼロ実現を訴えている小泉元首相と会って激励された』という事実は事実です。三時半に都庁に行ったら小泉元首相から『さっき、小池さんが新党代表になると発表をして、その時に〝原発ゼロ〟という話をしていたから良かった』と言われ、小池知事との面談でも会うなり、『（新党結成と代表就任の）ニュースを見たよ。原発ゼロで新党結成、素晴らしいね。大賛成だ。それで行けばいい。頑張って欲しい』という話はたしかにしました」（吉原氏）

〝小池劇場〟の第一幕のカラクリが見えてきた。安倍首相が主役となるはずの解散会見当日に、新党結成・代表就任・原発ゼロ表明の都知事会見と、小泉元首相との〝極秘会談〟を同日に一時間ずらして設定。〝お気に入り記者〟のいるNHKとフジテレビにリークして都庁入り場面を撮らせて、面談直後の小泉元首相の小池知事（希望代表）激励コメントと一緒に放送してもらう。こうして「原発推進の安倍自民党　対　原発ゼロの小池非自民連合」という対決の構図を発信するというものだ。

小泉元首相は何も知らされずに〝小池劇場〟に登場することになり、「原発ゼロを旗印に安倍政権打倒を目指す希望の星（原発ゼロを掲げる新党代表＝総理大臣候補）」とエールを送るコメントを発した。しかし実際の面談は、〝脱原発新党（希望）〟のエネルギー政策を話し合う場ではなく、原自連の取組みを都知事に説明して都と連携しようというものだった。小泉元首相が選挙支援を口にしなかったのはこのためで、吉原氏は「小泉先生は決定的な一線を越えないことでやっている。この日もそうだった」と強調、政治活動と一線を画す姿勢には変わりはなかったとも証言した。

「希望の候補者を小泉元首相が応援するという話は面談で出ませんでした。『原発ゼロを掲げることは大賛成』『頑張って下さい』というエールを送ってはいましたが、それは政治活動（選挙応援）というよりも指南（助言）ですから」（吉原氏）。

小池氏が小泉元首相を政治利用したのは明白だが、「原発ゼロ実現」に向けて本気で突っ走れば、小泉元首相自身も事前了解なき〝小池劇場〟への登場を大目に見たに違いない。しかし実際には、小池代表は「排除」発言で原発ゼロを旗印にした非自民勢力結集による安倍政権打倒の気運をぶち壊しにした。希望の綱領には「寛容な改革保守政党」とあるのに「排除の論理」を振りかざして脱原発派議員を含むリベラル派排除を公言してしまったのだ。

「排除」発言で暗転

安倍政権打倒の期待を担って先頭に立つはずの希望の星、ジャンヌ・ダルクのような政権交代の旗振り役が一転、リベラル派の大量虐殺に手を下す詐欺師に豹変したのではないか——国民にこんな疑念を抱かせて政権交代の千載一遇のチャンスを逃したターニングポイントは、二〇一七年九月二九日の都知事会見だった。

「前原代表を騙したのか、（それともリベラル派排除のために、前原氏と）共謀したのか」との私の質問に対し、小池都知事（希望の党代表）が笑みを浮かべながら「排除します」と断言したのだ。民進党の前原誠司代表（当時）が、前日の九月二八日の両院議員総会で「安倍政権打倒のために一対一の対決に持ち込む。排除されることはない」と説明し、民進解体・希望合流が満場一致で了承されたにもかかわらず、その翌日の二九日に失速を招く「排除」発言を口にしたのである。
私は小池氏が都知事に就任した二〇一六年八月以降、毎週金曜日の一四時に行われる小池都知事の定例会見に、できる限り出席するようにしてきた。
しかし、小池氏の〝記者排除（差別）〟はトランプ大統領並みで、質疑の際には「お気に入り」の記者を明らかに優先して指していた。フリーランスで、なおかつ小池氏にとって耳の痛い質問をすることが多い私は指されないことがほとんどだったが、この日は半年ぶりに指名された。そこで冒頭のように、民進党との合流に関する前原代表の説明との食い違いについて聞いてみたのだ。

――前原代表が昨日、所属議員向けに「希望の党に公認申請をすれば、排除されない」という説明をしたのですが、一方で（小池）知事、（希望の党）代表は安保、改憲を考慮して一致しない人は公認しないと（報道機関に話している）。（前原代表と）言っていることが違うと思うのですが、前原代表を騙したのでしょうか。それとも共謀して、そういうことを言ったのでしょうか。二人の言っていることが違うのですが。
小池知事　すいません。その質問は場所を転換してからお答えさせていただいた方がいいと思いますし、独特の言語を使っていらっしゃるなといま思ったところです。

四日前に小池知事が希望の党代表に就任したために、この日の定例会見は二部制（前半が都政関連、後半が国政関連）になっていた。そこで私は第一部での質疑応答を止め、第二部で再び同じ質問を繰り返した。

――前原代表が昨日発言した「（希望の党に）公認申請をすれば、排除されない」ということについて小池知事・代表は、安保、改憲で一致する人のみを公認すると、前原代表を騙したのでしょうか、共謀して「リベラル派大量虐殺、公認拒否」（を企てた）とも言われているのですが。

小池知事（代表） 前原代表がどういう発言をしたのか、承知をいたしていませんが、「排除されない」ということはございませんで、排除いたします。取捨（選択）というか、絞らせていただきます。それは、安全保障、そして憲法観といった根幹の部分で一致していることが政党としての、政党を構成する構成員としての必要最低限のことではないかと思っておりますので、それまでの考えであったり、そういったことも踏まえながら判断をしたいと思います。現下の北朝鮮情勢などで、これまでの議論に加えてリアルな対応を取っていこうと考える方々もいらっしゃるので、そういったところもしっかり皆様、希望の党から出馬されたいという方を絞り込ませていただくことでございます。

ちなみに、その作業は私どもの方では若狭（勝）議員、そして民進の方から玄葉（光一郎）議員が絞り込みの作業に入るということで、基本的に任せているところです。

――ということは「安倍政権打倒」を甘い言葉にして、リベラル派大量虐殺、公認拒否・排除をしたということになりませんか。「（綱領に掲げた）寛容な保守」であれば、ハト派からタカ派まで包み込まないのですか、公認しないのですか。そうしないと、安倍政権を倒せないのではないですか。

小池知事　多様性に富んでいるということは、これ（会見）で証明していることになります。とても寛容な記者クラブで…（と言って、私の質問に答えるのをやめて次の記者を指名）。

この「排除いたします」「取捨（選択）」という強い言い回しには正直、私も驚いた。驚いているうちに、小池氏は都庁記者クラブと会見そのものに話をすり替えてしまった。いま考えると、小池氏自身も直前の「排除」発言を「まずい」と思い、焦って話題を変えようとしたのかもしれない。

「排除」という表現を使って聞いたのは前日の両院議員総会で前原氏が「排除されることはない」と明言していたためだが、「リベラル派大量虐殺（公認拒否）」と挑発的表現を使ったのは、直前にリベラル派の論客から次のような話を聞いていたためだ。

「小池知事（希望代表）が民進議員の誰を公認するのか否かを決めるようだ。『安倍政権打倒』の口実にした『リベラル派大量虐殺（公認拒否）』が本当の狙いの可能性もある。ポイントは、どれだけ公認申請者が認められるのか。公認を認められないケースが多数出ると、候補者の過半数擁立が難しくなり、『安倍政権打倒』は単なるお題目にすぎず、本当の狙いは『民進党潰し』となる。

一方、前原代表の説明通りに『（希望への公認申請者が）排除されることはない』が実現すれば、非自民勢力が幅広く結集、政権交代の可能性は一気に高まるでしょう」

この見立ては、民進党のリベラル派議員の話とほぼ一致していた。「小池知事（代表）と懇意なジャーナリストの上杉隆氏と産経新聞出身者の尾崎良樹・事務総長が民進議員の選別をしているようだ。リベラル派の主要議員は排除される可能性が高く、しかも自公政権を一気に過半数割れに追い込むところまでは想定しておらず、安倍政権延命と民進党潰しが狙いの可能性がある」（リベラル派議員）。

こんな疑念が一気に強まった。〈小池氏の異論を許さない非寛容さは安倍首相と瓜二つで、党内が一色に染まること当然とし、主要政策も安保法制容認と憲法改正で安倍首相と共通。そして、前原代表に「安倍政権を打倒しましょう」という甘い言葉をかけて騙し、「民進党乗っ取り（＝リベラル派排除による第二自民党化）」をしようとした天才的詐欺師なのではないか〉。

「排除」発言は野党乱立（非自民勢力の同士討ち）を招くことにもなった。排除されたリベラル派の枝野幸男・前民進党代表代行が二〇一七年一〇月二日（月）にたった一人で記者会見。翌一〇月三日に枝野氏を代表とする「立憲民主党」を結成した。民進党が希望と立憲民主党と無所属に分裂し、候補者調整も十分に行われなかったことから「一対一の与野党対決の構図」に持ち込むことが不可能となった。こうして「五年前（二〇一二年）のリベンジをする」という嘉田氏の期待感は吹き飛び、政権交代の気運もあっと言う間に萎んでしまったのだ。

理解不能だったのは、小池知事が「排除」の論理を打ち出してもなお、前原代表が「話が違う」「騙された」と怒りを公言しなかったことだ。〝安倍（政権）倒す倒す詐欺〟に騙されたふりをして水面下で小池氏と共謀していた可能性も捨てきれない。いずれにしても前原氏の説明と翌日の小池発言が大きく食い違っていたため、民進党議員や連合など支持団体や地方議員や支持者らが猛反発、「大量公認拒否なら合流は白紙撤回だ」「リベラル派議員が第二民進党のような新党から出馬できるようにすべきだ」といった批判や不満や不信感が広がり、小池氏は求心力を一気に失ってしまったのだ。

止められる側近がいなかった——有能な選挙参謀（選挙プランナー）が交代していた

二〇一六年七月の都知事選を皮切りに、二〇一七年二月の千代田区長選、そして同年七月の都議選と、連戦連勝を繰り返してきた小池氏を一年以上にわたってウォッチしてきた私には、「排除」発言は「勝負師らしからぬ失言」としか思えなかった。リベラル派を排除すれば、別の新党結成を誘発し、野党乱立を招く事態になるのは容易に予測できたはずだ。にもかかわらず、小池氏は自らの首を絞めるような愚行を始めてしまった。案の定、「排除」されると思ったリベラル派議員を中心に立憲民主党が結成され、希望の党を上回る議席を獲得して野党第一党となった。

この時、「女帝」のご乱心を止める側近がいなかったのが致命的だった。軌道修正する時間的余裕は十分にあった。立憲民主党の結成前にこの「排除」発言を撤回し、「公認申請者は排除しない（全員公認）」と方針変更をしていれば、再び「一対一」の構図を蘇らせることも可能だったに違いない。二〇一七年九月二九日（金）一四時すぎに「排除」発言が飛び出してから、枝野氏がたった一人の結党会見をした一〇月二日（月）の夕方までの丸々三日間の間に、「排除」発言撤回と全員公認への方針変更をしていれば、野党乱立回避は可能だった。しかし小池氏は、「ハト派からタカ派まで包み込まないのか」という建設的提案を含む私の質問の主旨を受け止めることなく、聞き流して事足りてしまったのだ。

結局、希望幹部が反省の弁を口にし始めたのは、立憲民主党の結党から一週間以上も後のことだった。希望の公認候補を決める民進側の窓口だった玄葉光一郎・元外務大臣は「（排除）発言がなければ、希望の党は二〇〇議席に迫る勢いだ」（二〇一七年一〇月一三日）、「『排除』という言葉を使わなかったら、今ごろ自民党と競っていた」（一〇月一八日）と悔やみ、小池氏もBSフジの番組で「きつい言葉だったと思うが、政策の一致（が重要）ということを申し上げたかった」と釈明したが、事態の深刻さに気が付くにはあまりにも遅すぎた。

ネット上では、小池氏のイメージダウンを招く映像が急速に広がっていった。私が「前原代表を騙したのか」と聞いた瞬間、小池氏はにやりと笑ったのだが、その様子を映した動画が「『前原をだました?』に『ふふふ』さすが緑のタヌキ（笑）」（pic.twitter.com/Y80Tj7s5Lf）といった説明付きでSNSで拡散されていったのだ。

わずか一年前の都知事選では、自民党から公認がもらえずに崖から飛び降りるように出馬し、「草の根改革派」として大勝した小池氏が今回は一転、一手に公認権を握って「リベラル派大量虐殺」を断行する独裁者となった。ジャンヌ・ダルクを彷彿させる善玉のイメージから、「女ヒトラー」（日刊ゲンダイが命名）のような冷徹な独裁的党首という悪役へとイメージチェンジ（ダウン）してしまったのだ。

二〇一七年一〇月二二日の投開票日を迎えて蓋を開けてみると、七月の都議選圧勝が幻だったかのように、お膝元である東京都の小選挙区でも希望の党は惨敗した。その原因は、容易に推定できた。都議選で、自民党の歴史的惨敗と都民ファーストの会圧勝を実現した立役者である野田数・特別秘書（元・都民ファ代表）と選挙プランナーの松田馨氏が、二〇一七年の総選挙には一切関わっていなかったのだ。

「小池代表以外で候補者選定に関わっていたのは、産経新聞出身の事務総長の尾崎良樹氏と小池氏と懇意な元ジャーナリストの上杉隆氏で、リベラル派排除を進めたのは尾崎氏と囁かれていました。都議選では、水面下の調整を含めた陣頭指揮を取った野田氏と、選挙プランナーとして候補者に指南をした松田氏が都民ファ圧勝に大きく貢献しましたが、今回の総選挙では二人とも外されていたようです」（都政関係者）

天下分け目の決戦で、実績抜群の有能な「部下」をわざわざ外し、素人同然の側近が選挙参謀を務めたことが、都議選と正反対の惨敗を招いた主要因に違いないのだ。

総選挙から三カ月前の都議選で都民ファは公明党や連合、民進党離党者などの非自民勢力を幅広く結集し、自民党を歴史的大敗に追い込んだ。その時に掲げたのが「情報公開」の旗印だ。森友加計問題での安倍政権の情報隠蔽体質に対する批判が高まっている世論をキャッチして、都が情報公開を進めていることを重ね合わせて争点化に成功したともいえる。

二〇一七年六月一日の都民ファ総決起大会の囲み取材で、私が「（都議選を）『ブラックボックス化の自民党』対『透明化の都民ファーストの会』という構図と捉えていいのでしょうか」と聞くと、小池知事は笑顔でこう答えた。

「たまにはいいことを言ってくれますね。ありがとうございます」

そして小池知事と入れ替わるように代表から幹事長となった野田氏も、次のような都議選の勝因分析をしていた。「勝因は、自民党の体質が表面化したためだと思っています。今回の都議会選挙が注目を浴びたのは、小池都政が情報公開をすることによって、都政の様々な課題が浮き彫りになった結果です。選挙の大きな争点は『情報公開を進める都民ファーストの会』対『隠蔽体質の自民党』。都議選でしたが、国（安倍政権）の隠蔽体質に『NO！』を突きつけたのです」

都議選と同じように野田氏と松田氏を選挙参謀にして自民党との対決路線を継続、「情報公開」に加えて「原発ゼロ実現」も目玉政策にしていれば、政権交代のボルテージはさらに高まっていったに違いない。安倍政権がゴリ押しした安保法制容認と憲法改正を持ち出してリベラル派の排除を口にしたことで、小池首相誕生や原発ゼロ政権樹立の期待感は一気に萎んでしまったのだ。

すでに述べたように都民ファは都議選で、二回の滋賀県知事選で嘉田氏の連続当選にも貢献した若手選挙プランナーの松田氏を選挙指南役に抜擢していた。ちなみに小池氏と嘉田氏には、女性知事以外の共通点がいくつもあった。二人とも環境派で、選挙のシンボルカラーはグリーン、そして知事選で自公推薦候補を打ち破った経験を持つ。しかも松田氏は二〇一二年一二月の総選挙で、「卒原発（脱原発）」を旗印に嘉田氏が滋賀県知事と「日本未来の党」代表を兼任した際にも選挙プランナーを務めていた。野党乱立で未来の党が惨敗する一方で自公が圧勝、第二次安倍政権が誕生した時のことである。

「二〇一七年の総選挙で小池氏が、都議選圧勝に貢献した松田氏や未来の党代表時代のリベンジに意気込んでいた嘉田氏に助言を求め、野党乱立（日本未来の党・民主・維新・みんなの党）を招いた二〇一二年当時の失敗談に耳を傾けていれば、あの『排除』発言を口にすることはなかったかもしれません」（永田町ウォッチャー）

総選挙後、私のもとには「よくぞ質問してくれた」という声も、「あんなことを聞かなければ、希望の党は安倍政権を倒していたかもしれないのに」という声も両方届いた。たしかに、あの会見で私が質問をしなかったら、あるいは私が半年ぶりに小池氏に指されなかったら、選挙結果はかなり違ったものになっていたかもしれない。

しかし一方で、小池氏が「排除」した民進党リベラル派はすぐに立憲民主党を作り、安倍政権に批判的な民意の受け皿となった。彼らが希望の党にいったん合流していたとしても、遅かれ早かれ、袂を分かつ日は来ていたかもしれない。とにもかくにも、有権者の審判は下された。「排除」というただ一点によって、これまでの破竹の勢いを小池氏は大きく削がれ、安倍政権打倒の絶好のチャンスを逃すことにもなったのだ。

2 選挙参謀コンビに首を傾げていた神津里季生・連合会長

「排除」発言が飛び出す三日前の二〇一七年九月二六日に小池代表と前原代表と面談をした神津里季生・連合会長は、二〇一八年二月末に出版した『神津式　労働問題のレッスン』で、民進党解党・希望合流から立憲民主党立ち上げにまで至る間、素人同然の選挙参謀コンビの対応を苦々しく思っていたと振り返った。この日の三者面談については、二〇一七年一一月一九日付の朝日新聞が次のように報じていた。

＊

「それでいきましょう」

東京・内幸町の帝国ホテル。民進党代表の前原誠司の提案に、東京都知事の小池百合子が同意した。傍らには、連合会長の神津里季生や、小池に近いネットメディア会社代表の上杉隆もいた。

九月二六日深夜のことだ。

前日の二五日には、首相の安倍晋三が記者会見し、二八日召集の臨時国会冒頭で衆院を解散すると表明。小池も会見し、新党「希望の党」を立ち上げて、自ら代表に就くと発表していた。

解散まで四八時間を切るなか、新党との合流協議を急ぐ前原が上杉の携帯電話を鳴らし、急きょ設定された秘密会談。前原は民進の一〇〇億円超の資金や党職員の提供を申し出たが、小池は断った。そして、注文をつけた。

「全員（の合流）は困る。私は、憲法と安全保障は絶対に譲れません」

憲法改正と安保政策は、小池の保守政治家としての生命線だ。「護憲の方はご遠慮願いたい」と言う小池に、前原は応じた。「それは当たり前。うちにも護憲なんているかどうか……」

小池は、民進の体質が新党に継承されることを懸念していた。民進は、これまでも自民から旧社会党出身者まで抱える「寄り合い所帯」ぶりが、党の一体感を損なってきた。護憲政党ではないが、いざ党内で議論を始めれば対立が表面化しかねない。

小池の思いを推し量った上杉が旧民主党の「排除の論理」を例に出した。鳩山由紀夫と菅直人が一九九六年に民主党を結党した際、看板のかけ替えとの批判を受けないために一部のメンバーの参加を拒んだ。上杉は「『三権の長』経験者を排除するのはどうですか」と話したという。

政権交代可能な政治の一翼をめざしてきた野党第一党を分裂させた小池の「排除」発言の原点は、この夜の密談にあった。

＊

この日の三者面談には、小池代表（当時）の選挙参謀を務めたジャーナリスト出身の尾崎良樹氏と上杉隆氏も参加していた。この二人については神津氏も問題視。週刊金曜日のインタビューで次のように語っていたのだ。

――二月末に出版された『神津式　労働問題のレッスン』（毎日新聞出版）で、二〇一七年九月二六日夜の前原誠司民進党・小池百合子希望の党代表（ともに当時）と神津会長の三者面談（ジャーナリスト出身の尾崎良樹氏と上杉隆氏も同席）を振り返っています。

神津会長　本の中では（そのお二人は）「A氏・B氏」「二人ともジャーナリズムの出身であり、B氏は著名な国会議員の秘書の経験も持っている」と紹介しました。当時代表だった前原氏への怨念は残っているだろうし、「脇が甘かった」と言われれば、その通りだが、当時の民進党の状況で、あのまま（単独で総選挙に）突っ込んだら大幅な議席減となったのは確実で、前原氏は張子の虎のような希望の党に体当たりしたみたいなことだと思う。この本をあえて出したのは、怨念が残っていることが野党がまとまることに災いをしているため。当時の（希望合流の）報道には「ちょっと違うな」と思うところがあり、僕が知りうるところについて書き記して広く知ってもらいたいと思ったのです。

――排除発言をしないか、すぐに撤回して、「安倍政権打倒」を訴え全員を公認していれば……。

神津会長　結果はずいぶん違ったと思う。本当に解せない（小池氏側近で元産経新聞の）A氏が関わっていたのかと思うが、何らかの力が働いて、いわゆる「踏み絵」が出てきた。「寛容な保守政党」という希望の党の綱領。「寛容な」という言葉に騙された。あれの綱領だけを見たら「いい」と思う。排除するはずがないですから。

――憲法改正と安保法制を踏み絵にする必要は全くなかった。

神津会長　（リベラル派排除の）公認調整や政策で右寄りの考え方を入れたのはA氏だと思いますし、「一次公認に民進党議員は入らない」と若狭勝氏がテレビなどで言っているので、「こんなことをやっていたらダメだ」と面識があったB氏（上杉氏）に言いましたが、「話をしたが、途中から外された」と言っている。本当はどうかは分からないが。

――B氏は「三者会談を神津会長がリークしたので政権交代が遠のいた」と言っています。

神津会長　当時、B氏（上杉氏）はそう言っていたので「していない」と否定した。むしろリークしたのは小池氏側だと思っている。「連合も応援をしている」というイメージを作るためです。踏み絵で政策が変なこと（右寄り）にならなければ、連合は希望の党を応援をしていたのです。

今は野党がバラバラになり、安倍政権がこの体たらくなのに野党の政党支持率が低迷している。新党ができて野党が結集し、二〇一九年の選挙で（与党に）漁夫の利を与えなければ、「二〇一七年秋はひどかったが、その後は良くなった」と言えるし、そうしないといけない。
――週刊金曜日（二〇一七年二月二四日号）での中野晃一（上智大学教授）氏との対談でも、選挙の「戦術」としては、共産党も含めて野党が協力するのは当然と仰っていました。

神津会長　政治は選挙に勝たないといけないので、政治家、政党の中では方とはいろいろな関係はあるのだろう。政策については考え方を曲げることはがあってはいけないが、ゾーンは広めに取ることが必要です。

3「排除」発言で失速した原因を直視しない小池百合子知事（希望代表）

「メディアコントロール（世論操作）の天才のように見えた小池百合子都知事（希望代表）が『排除』発言を口にして独裁的体質が露呈、正体を映し出すメディア特性によって惨敗のしっぺ返しを受けてしまった」。

これが「二〇一七年秋の総選挙（一〇月二二日投開票）」の総括だが、小池氏は自らが招いた失敗を直視しようとしなかった。そして投開票から三日目の一〇月二五日朝に小池氏がフランスから帰国、一五時から「希望の党」の両院議員総会に出席した際にも、政治家だけでなく記者も排除する独裁的体質がメディアを通して全国に発信された。三時間以上に及んだ両院議員総会では「多くの方々を傷つけてしまったことについて改めて謝りたい」「言葉がこうも歩くとは思わなかった」と謝罪した小池氏に引責辞任を求める声が出たが、代表続投の意向を表明した。しかし総会終了後の囲み取材で、私の質問を無視した場面が同夜の「報道ステーション」で流れたのだ。

――結果責任を取らない理由は何ですか。排除発言をすぐに撤回していれば、こんな事態を招かなかったのではないですか。前原さんにウソをついたことになります。

小池代表（全く答えずに）次の質問をどうぞ。

この時、テレビカメラは次の記者を平然と指した小池氏の仏頂面をアップで映し出していた。一分三八秒のニュース映像の結末部分だったが、安倍一強存続を許した自身の「排除」発言に無反省で、結果責任も取ろうしない独裁的党首が健在であることを自ら発信することになったのだ。

質問を無視されて黙っているわけにいかないので、次の記者への質問に答え終わった途端、「（政治家と同じように）記者も排除、選別するのか」と再質問したが、これにも小池氏は答えず。会見終了となった直後にも「反省していないのか、排除発言を」と叫んで引き留めようとしたが、無言のまま立ち去った。

私の質問にまともに答えないのは、この日が初めてではなかった。都庁での定例会見（都政と国政の二部制）で小池氏が「排除」発言を口にした二週間後の一〇月一三日、国政関連の囲み取材で私が質問を発した途端、小池氏は会見打切りを宣言、立ち去ろうとした。まだ五分しか経っていなかったので、定例会見指名回数トップである日本テレビの久野村有加記者（二〇一七年九月号の『創』の〝お気に入り記者ランキング〟第一位）が引きとめようと質問すると、小池氏は一転して立ち止まって再び答え始めた。気に食わない記者は終了宣言で排除する一方、お気に入りの記者は会見終了後でも再開して答えるという差別的対応をしたのだ。

小池氏の記者選別によるメディアコントロール（世論操作）は徹底していた。自らが記者を指名しない時には、指名役の司会者にメモを回して排除することもあった。「〈誤算の行方〉（上）振付師なく『敵役』に　小池氏　過信が生んだ排除発言」（二〇一七年一〇月二五日付東京新聞）は、司会者経由の排除の手口を次のように紹介した。

「当意即妙の受け答えで、厳しい質問をかわしてきた小池氏が、珍しく『敵前逃亡』する場面があった。二〇一七年九月三〇日、東京、大阪、愛知の三都府県知事が衆院選に向け、大阪市で連携を宣言した記者会見。質疑が始まると、小池氏は司会者にそっとメモを差し出した。

紙切れには、一人のフリー記者を『あてないで』と走り書きされていたという。前日の会見で小池氏から、民進党合流組の一部を『排除いたします』との発言を引き出したその記者は、最前列で手を挙げていた。関係者によると、小池氏は食事がのどを通らないほど、この発言を悔いていた。希望の候補者たちは『排除発言が流れを変えた』と口をそろえた」

たしかに私はこの日も手を上げ続けていたのに指名されなかったが、当日は「大阪の地元記者を優先的に指したのだろう」と不自然には思わなかったが、この日の東京新聞の記事で小池氏の指示で排除されたことを初めて知った。事実を掘り起こしたことを評価する一方、事実誤認に近い部分があるのは残念だった。「当意即妙の受け答えで、厳しい質問をかわしてきた小池氏が、珍しく『敵前逃亡』する場面があった」の部分だが、実際は、「日常的に〝お気に入り記者〟を優先的に指名する記者選別（排除）で厳しい質問が出ないようにしてきた小池氏が、大阪でも『敵前逃亡』を繰り返した」というのが正確だ。

もう一つの疑問部分は「関係者によると、小池氏は食事がのどを通らないほど、この発言を悔いていた」で、これも同情を買うための作り話にしか見えなかった。それほど後悔していたのなら即座に排除発言を撤回、「前原代表が説明した通り、公認申請者を全員受け入れる」と立憲民主党結成前に釈明していれば、野党乱立回避で「一対一の構図」に再び持ち込むことが可能になり、当初の希望躍進の勢いを保てたはずだ。先に紹介した囲み取材（二〇一七年一〇月二五日）で「排除発言をすぐに撤回していれば」と聞いたのはこのためだ。

衆院選投開票の翌一〇月二三日、パリで小池氏はキャロライン・ケネディ前駐日米大使と対談、「都議選もパーフェクトな戦いをしてガラスの天井を破ったかなと思ったが、今回の総選挙で鉄の天井があると改めて知りました」と語ったが、自らの責任を日本の事情であるかのように責任転嫁したのだ。

完璧な戦いをした都議選と惨敗した今回の総選挙では、〝選挙参謀（振付師）〟が交代していた。都議選圧勝に貢献した野田数特別秘書と選挙プランナーの松田馨氏を外し、民意の読めない素人同然の側近に選挙参謀を委ねた人選ミスが惨敗の主因に違いない。あるいは、助言に耳を傾けない〝女帝化〟のようになった可能性もあるが、いずれにしても「鉄の天井」を作ったのは小池氏自身であったのは間違いない。安倍政権打倒、そして初の女性総理誕生の可能性も出てきたのに、自分で自分の首を絞めて千載一遇のチャンスを逃したといえるのだ。

4 嘉田由紀子・前滋賀県知事（現・参院議員）の出馬会見

九月二五日の電撃的な希望代表就任と「原発ゼロ実現」の目玉政策を発表した直後には「これで二〇一二年のリベンジができる」と期待した嘉田氏は二〇一七年一〇月二日、滋賀一区から無所属で立候補をした。引退する元文科大臣の川端達夫・前衆院議員（滋賀一区）の挨拶の後、嘉田氏はこう強調したのだ。

「何よりも一にも二にも三にも安倍政治を終わらせる。議会制民主主義を破壊して、こんなに政治を私物化しているところを終わらせる。そこで前原代表は大変なご決意をなさいました。党を割るという解党、そして（希望に）合流する。『名を捨てても実を取るのだ』と。その前原代表の決意にも私は感動しました」「前原代表が『無所属で京都で自分も出る。一緒に滋賀一区で、そして京都と滋賀で協力をしながら希望の党とも寄り添いながら何よりも一人でも多くの議員を国会に送って安倍政治を終わらせる』という前原代表の決意に感動をしまして今回の出馬を決意しました」。

私はこの時、「五年前の野党乱立の悪夢を回避するべく非自民勢力結集を呼びかけるのではないか」と嘉田氏の発言に注目していたのだが、実際に飛び出したのは小池代表と前原代表を評価する肯定的発言ばかりだった。「排除されたリベラル派や無所属候補の〝つなぎ役〟として『排除の論理』を批判、幅広い非自民勢力結集を提案するのではないか」という予測は見事に外れたのだ。そこで質疑応答で、「二〇一二年の悪夢を実体験した嘉田氏こそ小池知事と前原代表に軌道修正を迫るのに適任」「脱原発派のリベラル派と希望が連携して『原発ゼロ実現』のための安倍政権打倒を訴えるべきだ」との考えから、次のように切り出して質問を繰返した。

――リベラル派が公認を外れるのは「原発ゼロ」を掲げる希望の党の政策と矛盾するのではないか。阿部知子前議員や菅（直人）元総理や近藤昭一前議員の脱原発派がリベラル派排除リストに入っていることをどう思うのか。安倍政権打倒であれば、滋賀一区のようにリベラル新党や無所属から出る民進前議員に対しても候補者調整をして「（与野党）一対一の構図に持ち込むことを全国でやるべきだ」「二〇一二年の非自民勢力乱立のようなことは避けるべきではないか」と考えていないのか。

嘉田氏　（代表と知事を兼任した）「日本未来の党」の時には（非自民勢力が）乱立した。

――二〇一二年の時は非自民勢力が乱立して批判し合って安倍自民党が大勝した。「イデオロギーの違いを超えて幅広い非自民勢力が結集するのが安倍政権打倒に必要」と思うが、小池知事（希望代表）が行っているリベラル派選別・排除は、脱原発を実現する上でも矛盾するのではないか。希望の党が選別をするのであれば、せめて無所属やリベラル新党から出る人と候補者調整をして乱立しないようにする（一対一の構図に持ち込む）ことが大切ではないかと思うが。

嘉田氏　まず未来の党の時に（候補者が出た）一一二の小選挙区で、小沢（一郎）さんと亀井（静香）さんの二人しか当選せず、全滅でした。それで、比例区で七つで九議席だったのですが、今回は「それ（二〇一二年の失敗を）をある意味で避ける」という判断が前原さんの英断だったと思いますので、前原・小池が乱立を避けようとして今回の動きになっていると思いますので、その大きな動きは前回の教訓を活かしているのではないかと思います。

――（小池代表の「排除の論理」によって）結果としてリベラル新党（立憲民主党）が出来るわけですから、希望とリベラル新党が候補者調整をしないと、結局、（二〇一二年の同様に非自民勢力の）乱立になってしまうのではないか。候補者調整の話までちゃんと出来ているのでしょうか。

嘉田氏　それは私の権限を越えますが。

――前原代表とどういう話をしているのですか。前原代表はそういう心積もりなのですか。

嘉田氏　それは前原代表に直接聞いていただけますか。「（非自民で）乱立しないように候補者調整をしないと、（安倍政権打倒の）目的を達成できません」。そこは大変大事なポイントだと思います。それは、前原さんや小池さんに直接聞いていただいたら。

――前原代表は「安倍政権打倒をするために全員公認、排除されることはない」と言ったのに、（小池代表は）それをひっくり返して（民進前議員は）騙された形になっているのですが、この事態についてはどうお考えでしょうか。

嘉田氏　それは――。

――「前原代表はおかしいじゃないか」と（批判しないのか）。「リベラル派と棲み分け（候補者一本化）をする」という約束と取って（希望がリベラル派を）排除するのなら分かるが、このままだと二〇一二年の二の舞になってしまうのではないか。

嘉田氏　それは前原代表に聞いて下さい。

たしかに嘉田氏はこの時、滋賀一区の無所属の新人候補にすぎなかった。前原氏や小池氏の両代表にアドバイスをするほどの太いパイプ（ホットライン）を有していなかったのかも知れない。それでも何度も再質問をしたのは、同じ女性環境派知事で政党代表の経験者である嘉田氏ほど、小池氏に説得力のある助言をできる適任者はいないと思ったからだ。この日の出馬会見の質疑応答では、嘉田氏が小池氏との共通点を説明する場面があった。

「（小池氏への印象について）私は最初からグリーン（環境派）なので、グリーン革命を滋賀から始める。小池さんはやっぱり女性政治家として、本当に二〇一二年一二月は私も滋賀県知事と未来の党代表をして『二束のわらじ』と言われて大変でした。そういう経験をした人間は少ないと思うのですが、小池さんに女性政治家として成果を出していただきたいと期待をしております」。

両者ともシンボルカラーがグリーンの環境派女性知事で、「原発ゼロ実現」を掲げる政党代表と知事の兼務経験者でもあった。これほど共通点がある嘉田氏が小池氏に対して、二〇一二年の失敗談とリベンジへの思いを伝えながら「排除」発言撤回と非自民勢力再結集を進言すれば、聞き入れてもらえる可能性があるように見えたのだ。

しかし小池氏は軌道修正をすることはなく、嘉田氏の期待感は失望へと変わった。一〇月二日の立候補表明では「比例は希望へと呼びかける」と小池氏支援表明もしていた嘉田氏は五日後の七日、BBCびわ湖放送の候補者討論番組で「比例での希望支援」の考えを撤回したのだ。

「再稼働容認や自民党議員（石破茂・元地方創生大臣）の首班指名示唆など小池代表の発言が日替わりでコロコロと変わり、私も考えが変わったのです。『安倍政権打倒』が原点だったのに、何のために希望が出来たのか。ただ『比例は希望』と呼びかけるのは止めましたが、滋賀二区から四区の民進系希望公認候補への支援は継続します」（嘉田氏）。

原発再稼働容認・憲法改正・安保法制容認の〝第二小池自民党〟のような「希望」全体は支持しないが、民進党の政策継承をする希望の候補者は支援するという二面的対応だった。

嘉田氏が高く評価した小池氏の目玉政策「原発ゼロ実現」の化けの皮もすぐに剥がれた。小池代表（都知事）は二〇一七年一〇月三日、鹿児島でのイベントに出席した際、次のように述べたというのだ。

「希望の党の小池代表（東京都知事）は三日、『原子力規制委員会が判断した（原発）再稼働に異論を唱えるつもりはない』と述べ、即時の稼働停止には踏み込まない考えを表明した」（「規制委が判断の再稼働『異論唱えない』…小池氏」と題する一〇月三日二一時四八分配信の読売新聞）。

民進党の原発政策から大きく後退、「原発ゼロは看板倒れ」「〝第二小池自民党〟」と批判されかねない問題発言だった。前原代表と枝野幸男代表代行が戦った二〇一七年九月の代表選で両者は、避難計画の不十分さなどを理由に原発再稼動反対を明言し始めていた。それなのに民進解党・合流した希望の小池代表は、「原子力規制委員会の判断任せ」という自民党と同じ立場を表明してしまったのだ。

民進党時代の反対姿勢を放棄、再稼動容認に方針変更（変節）したに等しかったのだ。

原発政策のポイントは、「原発ゼロを二〇三〇年代にしたままなのか、二〇三〇年に前倒しするのか」という一〇年以上先の達成時期ではない。「現時点で再稼動を容認するのか反対するのか」が試金石で、二〇一六年一〇月二三日投開票の新潟県知事選で実質的野党統一候補となった米山隆一知事（当時）は、避難計画の不十分さを理由に再稼動反対を明言、当選した。

そして二〇一七年九月の代表選を通じて民進党も米山知事（当時）の主張に同調、再稼動反対の旗をはっきりと掲げ始めたのだが、これは小泉純一郎元首相の持論「原発即時ゼロ」と実質的に同じだった。全国各地の原発周辺で、実効性のある避難計画が立てられている地域など一つも存在していないからだ。ようやく小泉元首相主張の「原発即時ゼロ」とほぼ同じ立場を民進党が取り始めたのに小池代表は合流した途端、自民党と同じ原発政策に逆行させ、「二〇三〇年まで一二年以上も再稼動容認」という立場を取り始めたのだ。安倍自民党と〝第二小池自民党〟（希望）が憲法改正や安保法制だけでなく、原発政策でも足並みをそろえたことが明らかになったのだ。

希望代表就任の二〇一七年九月二五日に小池氏は「原発即時ゼロ」が持論の小泉元首相と面談して一体感を演出したが、一皮向くと、原発再稼動容認の姿勢に変わりはなかったのだ。「騙し屋百合子」「天才的詐欺師」「緑のたぬき」と呼びたくなる小池氏は、原発政策においても民進党を〝第二自民党〟に変質させようとしたといえるのだ。〝安倍政権倒す倒す詐欺〟で前原代表と共謀して民進党と人材と資金を詐取したようにみえる小池氏は、同時に「原発ゼロ」を目玉政策とアピールしながら原発再稼動を進める〝詐欺的公約商法〟を進めたともいえるのだ。

結局、「排除」発言と安保法制容認と憲法改正の踏み絵が重なった上に、目玉政策になるはずだった「原発ゼロ」も見かけ倒しであることもすぐに露呈した。こうして〝第二小池自民党〟という正体が「緑のたぬき」「女ヒトラー」といった異名と共に広がった結果、排除の論理を振りかざした希望への支持率が急減する一方、排除された立憲民主党への期待感が急速に高まるという逆転現象が起きたのだ。こうして希望公認の民進前議員候補は「リベラル派の仲間見殺し・自己保身最優先・政策転向」と後ろ指を指されて評判がガタ落ち、「第二小池自民党のイエスマン」「リベラル派大量虐殺（公認拒否）を尻目に生き延びる政治家」と見なされて落選した候補が少なくなかったのだ。

5　安倍政権打倒の「受け皿」となった立憲民主党結成

民進解党・希望合流で吹き飛んだかに見えた市民参加型の野党共闘（選挙協力）が再び蘇った。「安保法制の廃止と立憲主義の回復を求める市民連合」（市民連合）は二〇一七年一〇月七日、立憲民主党と共産党と社民党の代表者に政策要望書を手渡し、安倍政権打倒で連携すること求めた。すると、福山哲郎幹事長（立憲民主）と小池晃書記局長（共産）と吉田忠智党首（社民）はそろって協力する考えを示したのだ。安倍政権打倒の〝旗印〟となる政策要望は、憲法九条改正反対や集団的自衛権の行使を容認する安全保障関連法の白紙撤回などの七項目だった。

これより二年ほど前の二〇一五年九月、国会前集会で反対の声が湧きあがる中で成立した安保法制（別名〝戦争法〟）に対して民主党（当時）は、「集団的自衛権を認めて海外でアメリカと一緒に戦争が出来るようになる違憲法案」と強く反対。法案成立後も廃止法案成立による白紙撤回を目指していた。しかし小池代表の〝安倍政権倒す倒す詐欺〟で、一瞬にして野党第一党の民進党は崩れ去ってしまったのだ。

しかしリベラル派の要請を受けて枝野幸男・前民進党代表代行は二〇一七年一〇月二日、「立憲民主党」結成を決意、たった一人で代表就任会見に臨んだ。民進党の安保法制反対を引継ぐリベラル新党が誕生した瞬間だった。

立憲民主党の枝野幸男代表が二〇一七年一〇月七日、初めての街頭演説を大阪市内で行った。ＪＲ京橋駅脇には数百人の支援者が集まり、二〇一五年の安保法制反対の国会前集会（デモ）が再び蘇ったかのような熱気に包まれた。そして一五時すぎに枝野氏が登場してマイクを握ると、大きな拍手と共に「枝野」コールが沸き起こった。

冒頭は安倍政権批判。「政治が私物化され、情報が隠され、指摘されても開き直る。権力が守らなければならない憲法というルールが無視されて、立憲主義がないがしろにされる」と一刀両断、こう続けた。

「トップダウンの政治は一見かっこいい。様々な時代の変化が著しい時代には、スピード感を持ってぱーっと決めることが求められることもある。でも一方で価値観が多様化している。いろんな考え方のいろんな暮らしの人たちがいる。そうした声に寄り添わず、上からぱーっと決めていたら、国民生活とずれていくのは当たり前じゃないですか」「草の根の下からの民主主義を作りたい。そのために立憲民主党を作りあげました」「七〇年間守ってきた、歴代自民党政権自らが作ってきた『集団的自衛権は行使をしない』という解釈を、勝手に、何の論理的整合性もなく、何の必要性についての説明もなく、勝手に変えて海外で戦争ができるようにした。こんな安保法制を作っておいて、憲法の議論ができるわけがないのではないか。『まずちゃんと、今あるルールを守ってから（憲法改正を）言え』と私たちは思っています」

こう締め括った枝野氏が、揉みくちゃにされながら参加者の間を回って握手をすると、再び「枝野」コールの連呼が続いた後、囲み取材が開始。結党から四日間でツイッターのフォロワーが一五万人を超え、この日も数百人が集まる状況について聞かれた枝野氏は、「トップダウン型の政治の弊害が日本全体に広がっている。そこに声をあげたことが理由ではないか」と分析した。

枝野氏が初街宣を大阪でしたのは理由がある。九月三〇日に小池都知事（希望代表）は大阪市内で大村秀章・愛知県知事と松井一郎・大阪府知事と共同記者会見。希望と維新の連携（選挙協力）を発表、大阪の民進党候補（前議員や元議員や新人）が希望から立候補する道が閉ざされたのだ。

この時に途方に暮れていたのが、一九九三年に初当選をした枝野氏とは「二〇年来の親友」という一九九六年初当選の辻元清美前議員（大阪一〇区）。民進党が一瞬にして崩れ去った政治状況を、かつて視察に訪れた東日本大震災のガレキと二重写しにした辻元氏は同時に、枝野代表の立憲民主党結党をガレキの中で見つけた芽に例えたのだ。

「一週間前は途方に暮れていました。でも、リベラル派の仲間と共に親友の枝野さんに新党結成を直訴、一人で結党会見に臨んでくれました。ガレキの中の芽がいま、大きな木に育ちつつあるのです」（二〇一七年一〇月七日の高槻駅前の街頭演説）

辻元氏はこう振り返る。「枝野さんとは一年生議員の時からの二〇年来の親友です。NPO法も一緒に作りましたし、テレビ討論番組にそろって出演したことも何回もあります」。

枝野氏の仲間思いの優しさがにじみ出たのは、二〇〇二年に秘書給与問題で辻元氏が議員辞職した時。失意の辻元氏に電話して食事をおごったというのだ。「世間の風当たりが強かった時期だけに、食事をしたことがばれて批判されるリスクがあったのですが。見かけによらず、気遣いが出来る人なのです」「とにかく真面目一筋、一直線ですが、ちゃんとした政治的判断が出来る人です。今回も『無所属で出た方が希望の刺客（対抗馬）を立てられなくて当選しやすい』という自分の利益ではなく、仲間のことを考えて決断してくれました」（辻元氏）。

辻元氏と同じように途方に暮れていた頃、枝野氏が漏らしたのは「ひとりカラオケに行きたいよ。（欅坂46の）『不協和音』を歌うんだ」。

二〇一七年リリースのこの曲は、不協和音を恐れずに自分の意思や正義を信じ抜く決意を歌っている。そして枝野氏が特に好きな歌詞は「一度妥協したら死んだも同然」だという。

「真面目一筋を貫きながらカラオケでストレス発散」というのが〝枝野スタイル〟のようだが、ぶれない政治姿勢は一貫している。大阪での初街宣を終えた枝野氏を直撃。「カジノ反対は変わりませんよね」と聞くと、枝野代表は「変わりません」と即答。カジノ誘致推進の維新と希望の連携したことに対抗するべく、民進党時代のカジノ反対の姿勢を立憲民主党が引継ぐと宣言した。

排除の論理で一気に失速した小池代表と入れ替わるように新しい政治のうねりを作る存在として枝野氏は脚光を浴び始めたのだ。「時代が枝野さんを求めて、それに応えてくれたという感じがしました。枝野さんを民進党代表選挙の時に応援をしたのですが、出発式の応援演説が私だったのです。普通は党内グループのトップがするのが普通だと思ったのですが、議員でもない候補者に声をかけてくれた。私はマイノリティのＬＧＢＴの声を訴えて欲しいと言われました」（立憲民主党の尾辻かな子衆院議員）。

翌二〇一七年一〇月八日の東京での枝野氏の街宣は、枝野コールが沸き起こる中で、プラカードがいくつも立って「アベ辞めろ」コールも復活した。ツイッターのフォロワー数は希望の党はもちろん自民党をも追い抜いた。ＳＮＳに馴染んでいる若者世代にも支持が広がった証に違いない。

枝野氏の隣には、市民連合主催で元シールズの本間信和さんと、シールズの後を引き継いだ「未来への公共」の馬場ゆきのさんも挨拶。

「新橋の居酒屋にいそうな庶民的で馴染みやすい」「新潟出身で参院選で森ゆう子さんが当選した時や新潟県知事選にも関わってきましたので、市民と野党が連携した選挙が大切だと思っていましたが、それを枝野さんが立憲民主を立ちあげて復活させてくれました。戦争をしない国にして欲しいので、枝野さんには期待しています」（馬場さん）。

市民連合の中野晃一教授はこう話す。「責任感がある。民進党の仲間だった人たちが希望から公認がもらえずに落選してしまう。また、これだけの市民の声がある中で、枝野代表自身が『やらないいけない』という思いで立ち上がった。無所属で立った方が希望から刺客を立てられないので当選しやすかったのに、あえて仲間のために新党結成を決断したということです。岡田克也代表の時に幹事長をしていたので、その時からやりとりがありましたが、国会前集会から参院選善戦の流れを作るのに力を尽くしてくれた」

6 二〇一七年総選挙後の枝野幸男・立憲民主党代表インタビュー

立憲民主党の枝野幸男代表は二〇一七年一一月二日、インタビューに応じ、立憲民主党結党からわずか二〇日で野党第一党（五五議席）に大躍進をした今回の総選挙を振り返った。

「受け皿を作って欲しい」といううねり

――結党について「皆様に背中を押していただいた」と訴えていました。

枝野代表　一番大きかったのは、世論に「受け皿を作って欲しい」といううねりのようなものがあったことです。もともと僕は、党と党の合併、政界再編自体が好きじゃなかった。相手がどこであっても一貫して反対、いつも最後について行って、「これで良かったのか」と思ったりしていた。今回も「みんなで希望の党に行く」という話の時に、初めから「私は行かないのだろう」と思っていましたが、「これでは受け皿がない」という声が地元の支援者や仲間の議員や候補者に沢山あったのと、民進党代表選挙に立候補したことから「自分の選挙区に受け皿を作るだけではなく、私が旗を立てる責任がある」と思って新党を立ち上げました。

――前日の一〇月一日、前原誠司代表と（希望の党と候補者調整をしていた）玄葉光一郎さんと会って「前提が違う」などと伝えていました。

枝野代表　「どうなっているの」と二人に聞いて、「こんな状況になっている」という答えがあったのですが、「これだと、こっちも持たないから好きにやらせてもらう」と話しました。

一人で結党会見に臨んだのは、「受け皿を作らないといけない」という肌感覚からでした。駅前で通勤時間帯に街宣を二四年間やってきて、通り過ぎる人たちの空気を感じることを続ける中で、「受け皿がない」という期待の声が一定程度あるというのは肌感覚としてありました。メールや電話やファックス、仲間の議員や候補者の声は要素としてあったけれども、それが決め手になったわけではない。うねりを体感として感じたので、思い切って新党を立ち上げたのです。

――新党を作ってみたら思った以上の反応だったということですか。大阪のＪＲ京橋駅前での街宣も聞きましたが、すれ違うのが大変なほどの人でごった返していて、翌日の東京の集会も熱気に溢れていました。

枝野代表　どこに街宣に行っても思った以上の人が集まっていて、しかも熱狂的だったのでビックリしたのですが、一番驚いたのは、結党翌日（一〇月三日）のＪＲ有楽町駅前での街宣でした。直前に知らせただけだったのに、予想以上の人が集まっていました。そし各地で街宣を重ねていくうちに、この流れがどんどん大きくなっていったのです。

――二年前の安保法制反対の国会前集会(「シールズ」が主催)の高揚感が再び蘇ったような雰囲気も感じました。その後、シールズも加わった「安保法制の廃止と立憲主義の回復を求める市民連合」(世話人・山口二郎法政大教授)が出来て、枝野幹事長(当時)と話し合いをしながら翌年七月の参院選一人区の一本化に成功しましたが、その延長線上にあるようにも見えます。

枝野代表 それは立憲民主党が支持を集めた大きな一要素だけれどもそれだけではない。今回の総選挙では多分、安保法制賛成の人もたくさん票を入れていると思います。恐らく永田町の合従連衡が嫌なのです。僕も嫌だったのですが、国民の皆様も強く感じていたのだろうと思います。

――それで、リベラル派排除を明言して〝踏み絵〟(政策協定書)も踏ませた小池百合子・希望代表のような「トップダウン型の政治」ではなく、「ボトムアップ型の草の根民主主義」を訴えられたと。

枝野代表 トップダウン型の政治は安倍首相が特に顕著ですが、永田町全体としてもそうなっていた。まさに「党でまとまって行こう」という合従連合がトップダウン的なのです。それとは違うものを示したので、多くの支持が集まったのだと思います。

――三倍超の大躍進、野党第一党の手応えを感じたのはいつ頃ですか。

枝野代表 投開票日の三日前ぐらいの世論調査で野党第一党をうかがうという予測結果を見た頃です。「政権交代を果たした二〇〇九年よりも反応がいい」という手応えは感じていました。街頭演説はたしかに判断材料になりますが、実際の投票行動につながるのかは世論調査を見るまではよく分かりませんでした。

最も永田町の政治家らしくない枝野代表

一九六四年に栃木県宇都宮市で生まれた枝野氏の原点は「幸男」という名前。「憲政の神様」「議会政治の父」と呼ばれた尾崎行雄（咢堂）氏を祖父が尊敬、同じ名前を孫につけたことから政治に目覚めたという。小学生の時から政治関連の本や新聞記事を読み始め、宇都宮高校では弁論部に所属、そして東北大学法学部に入って弁護士を目指した。一九八八年に司法試験に合格、一九九一年に弁護士登録をした二年後の一九九三年、日本新党の公募候補として初当選を果たした。

転機となったのが自社さ政権の村山内閣時代の一九九五年。薬害エイズ裁判について国の責任を認めようとしない厚生大臣を与党議員として追及、これが後任の菅直人厚生大臣が行政側の過ちを物語る資料（郡司ファイル）を発見、国の責任を認めて謝罪するきっかけになった。

――この時の経験が今の政治姿勢に影響を与えているのでしょうか。

枝野代表　薬害エイズでは、「少人数であっても何人かが本気になれば、政治が大きく動くことがある」という貴重な経験をさせていただきました。

もう一つの大きな経験は、東日本大震災の時に官房長官を務めたことです。そして被害を受けた人に対して政治の結果責任、重い荷物を背負い続けてもいます。当時の経験を踏まえて、今回の総選挙では「原発ゼロを一日でも早く実現しないといけない」と訴えました。

――福島原発事故の後に泉田裕彦・前新潟県知事と会って、「『（官邸や新潟県に）こんなに情報をあげていなかったのか』とお互い驚いた」という話を本人から聞きました。

枝野代表　本当に上がっていなかった。隠蔽をしたのではなくて「無能だった」ということだと思います。原発事故を想定していなかったので準備が出来ておらず、個人の能力に頼ることになったのですが、現在でもその状態は改善されていません。ただ今回の総選挙で「原発ゼロ」に踏み込めたのは、「原発事故時の対応が不十分」という理由よりも、リアリティができたことが大きい。つまり福島原発事故後、代替エネルギーが拡大していき、六年間以上、ほとんど原発稼働ゼロでも電力不足になっていない。停電を恐れていた経産大臣時代とは違って、自信を持って原発を止めることが出来るのです。

一方、原発を止めることで立地自治体に経済的マイナスが生じます。原発テロ対策も避難計画も不十分で、使用済核燃料のコストを含めたら原発が絶対コストに合わないことは分かっている。原発ゼロは政治的決着がついた話なのです。しかし国策を押しつけられた地域経済が成り立つように税金を相当長期間にわたって投入しないといけない。ただ「原発を止めろ」というのは無責任。原発ゼロに伴う国民負担のコンセンサスを得る必要があります。どうしたら、一日も早く原発を止められるリアルな工程表を作り、示さないといけないと思います。

――街宣では、アベノミスクと対極にある〝草の根経済政策〟（エダノミクス）についても説明をされていました。

枝野代表　アベノミクスに対抗するために言い始めたのではなく、第二次安倍政権が誕生する前から言っていました。従来からの一貫した持論です。経済政策の基本は「消費の喚起」、つまり購買力を高めるということです。ただ持続可能な政策であるためにはバラマキでは駄目で、マーケットメカニズムを上手く活用した形で消費を喚起していかないといけない。その分かりやすい例が介護なのです。それで象徴的な事例として街宣で取上げました。

――「一％の富裕層のためではなく、九九％のための経済政策」「格差是正対策にもなる」と受け止めました。

枝野代表　「お金持ちを叩いて貧しい人を救う」という従来の左派の主張とは違います。僕は一貫して「右でも左でもない。消費の喚起ではないと経済が良くならない」と言っています。経済政策として有効であり、結果的に社会政策として意味を持つ。「経済政策を進めることで社会政策としての貧困対策をほとんどしなくて済むようになる」ともいえます。「経済政策としての貧困対策」なのです。「貧困対策をしたら景気も良くなる」というのは順番が逆です。

――憲法九条改悪の構えを見せる安倍政権にどう対峙するのでしょうか。安倍首相は、野党第一党の立憲民主党抜きで憲法改正（改悪）を進めるという発言もしています。

枝野代表　安倍首相の立場からそういう発言をするのでしょうが、容認できません。現在の安保法制の違憲部分、集団的自衛権を前提として自衛隊を憲法九条に明記することは徹底的に反対します。同じ立ち位置に立つ方々とは連携、協力します。維新に対しても希望に対しても、憲法九条改悪に対してどういう判断をされるのかを初めからこちらが決める必要はありません。最初からレッテル貼りはしません。重要なのは（過去の言動ではなくて）現状での対応です。立憲民主党としては安倍政権に対して、国会論戦で我々ならどうするのかを示し、他方で国会の中だけではなくて大衆運動を車の両輪としてオーソドックスにやっていきます。「国民参加型」と言いますか、国民の声に寄り添う運動、国民の声を可視化するような運動をしていくということです。

――枝野代表の街宣を聞いて「これから新しい政治が始まるのではないか」という感じを受けました。

枝野代表　すでに「（民進党再結集のような）永田町の合従連合には加わりません」と言っていますが、これ自体が新しい政治のつもりでやっています。「この人たちは何か違うな」ということを徐々に進めていく。奇をてらってサプライズ効果は考えません。

今回の総選挙がまさにそうでした。街宣の内容は、僕が一〇年前から（地元の）大宮で同じことを話していました。ただ今回は「力強く訴える」というところが違っていた。常に「ホットハート、クールヘッド』ではないといけない。話し方は熱くても、頭は冷静ということです。

街宣では「右でも左でもなく」というのがキーワードでした。「意外に受ける」と思ったので多用するようにしました。そこにどう働きかけるのか。私はリベラルであり、保守本流だと思っています。「保守本流の対抗軸がリベラル」と思っている人に「リベラル」と言われたくない。リベラルの反対語は全体主義ですから。

――総選挙後も忙しい日々を送られ、カラオケに行く機会もないのではないでしょうか。

枝野代表　カラオケにもう行っています。（歌詞が民進解体・希望合流に重なり合うと報道されて）最近、歌いにくくなったのだけれども『不協和音』（欅坂46）も歌いました。僕はそうは思わないのですが、ずっと歌っていたから本当に自然に口から出たのです。都議選でカラオケに行く暇がなくなる前から一番歌っていた歌だから。最近は「インフルエンサー」（乃木坂46）を歌ってます。

7　希望共同代表選――総括しない玉木雄一郎・希望新代表（現・国民民主党代表）

希望の党の共同代表選が二〇一七年一一月一〇日に投開票され、玉木雄一郎・元民進党筆頭副幹事長が「三九票対一四票」で選出された。「安保法制は容認できない」「憲法九条改正は必要ない」と訴えた大串博志・元民進党政調会長は、当初の予想を上回る得票となり、小池代表批判が根強いことを伺わせる結果となった。

一方、長島昭久衆院議員ら結党メンバーが推した玉木新代表はいきなり〝親・小池代表色〟を鮮明にした。投開票直後の共同代表就任挨拶で、「『排除』発言は希望惨敗と無関係」とする代表免責発言をしたのだ。「なぜ私たちは負けたのか。小池代表の発言が、マスコミの偏向的な報道が理由なのでしょうか。私は違うと思います。その責任すべては、私たち全てにあるのではないかと思います」（玉木氏の就任演説）。

正直言って唖然とした。前原誠司代表（当時）が九月二八日の両院議員総会で「排除されることはない」と説明した翌日に小池代表が「排除する」と言ったことと、憲法改正と安保法制を〝踏み絵〟（政策協定書）にしたことが惨敗の主因であるのは明らかだ。それなのに、希望失速の〝A級戦犯〟の責任を問わないと玉木新代表は宣言したのだ。

そこで直後の質疑応答で「（排除発言と踏み絵で）『緑のたぬき』とか『女ヒトラー』率いる〝第二自民党的詐欺的政党〟というイメージが有権者に広がったことが今回の敗因につながったと思うが、その総括をするのか」と聞いたが、小池代表擁護の玉木氏の姿勢は同じだった。「何が選挙結果に影響を与えたのかについては、これからしっかりと分析をしていきたい。ただ選挙は最後は自己責任（中略）。誰かに責任を転嫁するものでもないと思う」。

小池代表も希望の党幹部も口を閉ざした結果、民進解体・希望合流はいまだに〝闇〟（ブラックボックス）に包まれたままなのだ。

第４章　虚像演出の北海道知事選

1　夕張再建の若手辣腕市長は国策追随が〝出自〟

菅官房長官と佐藤創価学会副会長コンビの〝落とし子〟

統一地方選挙唯一の与野党激突の構図となった「北海道知事選（二〇一九年四月七日投開票）」は、自公推薦の鈴木直道・夕張市長と野党統一候補の石川知裕・元衆院議員の新人候補同士の一騎打ちとなり、鈴木氏が勝利したが、重要選挙で必ずと言っていいほど登場する菅義偉官房長官と佐藤浩・創価学会副会長コンビの暗躍していた可能性が極めて高い。異例中の異例の与党系候補者選定を目の当たりにした道政ウォッチャーはこう分析していた。

「菅官房長官と太いパイプのある鈴木氏が当選した場合、高橋はるみ知事以上の〝官邸言いなり知事〟となるに違いありません。『鈴木氏ありき』の官邸のお墨付きを背景に〝フライング出馬会見〟に踏み切り、〝公明党カード〟を素早く切ってもらうことで自公推薦候補となった。背後で菅官房長官と佐藤副会長が動いたとしか考えられません」

「勝利の方程式」とも呼ばれた「名護市長選方式」（自公が合同選対を作って期日前投票などを呼びかける）の産みの親である二人の暗躍ぶりはすでに取材、記事にしてきた。二〇一八年六月の新潟県知事選では名護市長選方式を持ち込んで自公系候補の花角英世知事の勝利に貢献、「森友加計問題にまみれた安倍首相では参院選は戦えない」という党内の懸念を一掃して総裁選三選を決定的にした。同年九月の沖縄県知事選でも両者は現地入りして自公はフル稼働、三連勝を狙ったが、この時は自公系候補が落選して玉城デニー知事が誕生した。

これまで政権運営の影響を与える重要選挙に関わって来た菅官房長官と佐藤副会長コンビが、どう北海道知事選に関わったのか。前代未聞の選考過程をたどっていくことにしよう。

農水大臣に抜擢された官邸忖度志向の吉川貴盛・道連会長が二〇一九年一月二二日、突然、党内手続きなしで「鈴木市長に一本化したい」と提案、執行部一任を求めようとした。

しかし自民党道連の大半の国会議員や道議は地元経済界や市町村長らと和泉晶裕・国交省北海道局長を擁立しようとしており、一月二五日の道連の両院議員総会では七名の国会議員のうち五名が「一方的な選考方法」などと反発して執行部一任を拒否。結局、道連執行部は二七日の役員会で執行部一任発言を撤回、白紙状態で鈴木氏と和泉氏から話を聞いて公平な立場で意見交換をすることになった。

それなのに鈴木氏は選考途中の一月二九日に出馬表明、「二月一日に正式な出馬会見を開いて自公に推薦要請もする」と発表した。これにより、一本化を条件にしていた和泉氏が一月三一日に不出馬を表明する一方、公明党は出馬会見当日の二月一日、即断即決で鈴木氏推薦を決めたのだ。

しかし同日、道連での結論が出る前の〝フライング出馬会見〟に納得がいかない和泉擁立派は代替候補として橋本聖子参院議員に出馬要請に踏み切ったものの、三日後の二月四日に橋本氏も「私の今の党の役員としては混乱を招く行動はできるわけではない」と不出馬を明言した。北海道での自公分裂が全国に波及することを懸念した苦渋の決断であったのは明らかだった。

結局、道連の大混乱で自民党が鈴木氏推薦を出したのは、公明党推薦から八日後の二月九日のことだった。道政ウォッチャーはこう続けた。

「〝公明党カード〟が素早く切られたことで和泉擁立派を抑え込み、官邸の意向に沿った鈴木夕張市長（当時）が自公推薦候補となったが、自民党推薦が公明党推薦より八日も遅れたのは異例中の異例のことです。もし保守分裂となっていたら、『自民党推薦は橋本氏、公明党推薦は鈴木氏』となる恐れもあった。そんな自公連立政権に悪影響を及ぼすリスクのある推薦決定を公明党北海道本部ができるはずがない。公明党本部と事前に調整済であったはずで、道連の候補者決定権をはく奪するような荒業ができるのは、菅官房長官と佐藤副会長コンビの暗躍抜きには考えられないでしょう」

菅・佐藤コンビの落とし子のように見える鈴木氏は、菅官房長官と同じ法政大学卒で苦学生という共通点もあり、「恐らく北海道の市町村長のなかで最も頻繁に菅官房長官と会っている。野望を胸に秘めた現実主義者で権力者との人間関係作りは天下一品」（夕張に詳しい地元記者）。

よく口にするのは「ピンチをチャンスに変える」。高校生の時に離婚で父親が出て行き大学進学を断念、一八歳で都職員となって働きながら法政大学を卒業後、二〇〇八年に財政破綻をした夕張市に派遣された。イベントにも積極的に参加するなど市役所内外での熱心な仕事ぶりを見てきた市民有志が夕張市長選への出馬を要請、激戦を制して二〇一一年四月に三〇歳の全国最年少市長となった。そして二期八年の間に財政再建団体から脱却する道筋をつけたという実績を引っ提げて北海道知事選の出馬会見に臨み、自公推薦候補となったのだ。

しかし先の道政ウォッチャーは、鈴木氏の表と裏のギャップの大きさに警鐘を鳴らす。

「道連関係者や報道関係者は『菅官房長官と太いパイプのある〝官邸言いなり候補〟』という実態は知っているが、大多数の道民は『若くて爽やかで夕張を再生した若手辣腕市長』というイメージしか持っていない。無党派層の得票が期待できるし、官邸と公明党がゴリ押ししたのも『勝てる候補は鈴木氏』と読み、世論調査の結果もそれを裏付けていたために違いない。しかしこれだけ菅官房長官と佐藤副会長に世話になれば、官邸の神輿に担がれたような〝国策追随型道政〟となるのは確実だろう」。

夕張を再建させた若手辣腕市長という輝かしいイメージと、〝国策追随型傀儡知事〟とならざるを得ない権力者の〝落とし子〟のような出自——光と影を併せ持つ鈴木氏の二面性こそ、高卒の都職員が夕張市長を経て知事ポストに手が届く自公推薦候補にまで登り詰めた原動力であると同時に、四期一六年の高橋道政以上の中央依存体質となる元凶でもあるのだ。

〝産みの親〟の公明党に恩返しをする鈴木市長はまるで公明党公認候補

北海道知事選序盤から公明党はフル稼働状態となっていた。与野党系の両候補が出そろった直後の三連休（二月九日～一一日）と一七日（日）、公明党は道内九カ所で時局講演会を開催。鈴木氏の地元・夕張市を皮切りに大票田の札幌市で二カ所、そして道南の函館市から道東の釧路市までを駆け回って、各地区の公明党道議と〝揃い踏み講演〟を重ねていった。「自公推薦候補というより、公明党公認候補のようだ」と地元記者が思わず口にしたのはこのためだ。

二月一一日の苫小牧での公明党時局講演会には八〇〇人が参加（主催者発表）。冒頭で公明党北海道本部代表の稲津ひさし衆院議員が素早い推薦決定の理由などを説明し、投開票が北海道知事選と同日の安藤くにお道議（苫小牧市選挙区）が支持を訴えた後、鈴木氏が約三〇分間、波乱万丈の人生遍歴が中心の講演をした。最後は鈴木氏と安藤道議らが並んで、知事選と道議選勝利に向けた勝どちコールを上げた。

その後も鈴木氏は会場出口で一人一人と握手、興奮冷めやらぬ参加者から「感動した！」「応援します！」と声をかけられていた。そんな光景を創価学会太平洋総県の中村守・総県長が満足げに見ていた。

そこで、まず「（菅官房長官と懇意な）佐藤副会長ももう、だいぶ気合を入れているのですか」と単刀直入に聞くと、中村氏は「気合を入れています。そうですね。よくご存知なのですね」と答えた。続いて「素早く公明党推薦が決まったのも佐藤副会長の後押しがあったのだろうと（見ている）。佐藤副会長と菅官房長官の太いパイプがまた働いたのか」と確認すると、「そうでしょうね。まあ公明党本部の様々な（世論）調査の中で答が出たのでしょう」と中村氏は鈴木氏人気が大きな要素と強調した上で、こう補足してくれた。

「公明党道議の選挙のためにもなるし、鈴木市長推薦をした方が風になる！」

鈴木氏と公明党の相互支援関係は、約一時間の一一日の時局講演会を聞くだけで見て取れた。鈴木氏は、二月一日の出馬会見直後に「唯一、手を差し伸べてくれたのが公明党」と感謝し恩返しを約束しながら、同党の政策を次のように高く評価していったのだ。

「私は何としても公明党の皆様のご恩に勝利で答えなければなりません。公明党とは政策協定をさせていただきました。私は、高校と大学、働きながら通わせていただきました。公明党は党として力を入れている全世帯型の社会保障の充実。中でも教育の無償化に力を入れてきた政党です。どんな方でも、どんな家庭の事情があっても学びたい。そういう意欲に対して、しっかりと政策を進めてきた政党であります。これは私自身が体験をしてきたことで、政策協定においても是非、この教育政策については力強く現実のものに変えていきたい（拍手）」。

ただ道政の具体的政策はほとんど語らなかったので、握手タイムを終えた鈴木氏を直撃、「今日、原発とかカジノとかJR廃線問題とかの政策に触れられなかったのは、理由があるのですか」と聞くと、「理由は特段ないですけれども、政策の議論はこれからしっかりやっていきますので」という答えが返って来た。公明党の選挙戦略は、鈴木氏が各地で公明党道議と揃い踏み講演、「夕張ではジャニーズ並みの人気」（地元市議）を道内全体に広げて道議選と知事選で勝利するというものだったのだ。

2　三大争点で国策追随型の鈴木市長と対照的な地方自立型の石川元衆院議員

ただし北海道知事選の三大争点は「JR北海道の路線存続問題」「泊原発再稼動」「カジノ（IR）誘致」。これについて鈴木氏は安倍政権と基本的に足並みを揃えていた。二月一日の出馬会見では泊原発再稼働については一言も触れず、カジノ（IR）誘致についてはギャンブル依存症のマイナス面を指摘しながらも「経済的にプラス」と明言、JR存続問題でも「石勝線夕張支線を廃線にする代わりにバスを含む代替交通への支援を勝ちとった」という逆提案を「攻めの廃線」とアピールしていた。

「私自身も廃線の提案を逆提案した上で、どのように代替交通を確保していくのかということを二年五カ月にわたって協議をし、方向性を出した経験があります。これは大変難しい問題です。夕張の支線の部分で言えば、その他のすべての路線に当てはまる状況ではないが、いかにして市民の皆様の足を確保していくのかの点について言えば、同じ思いで皆さんといるのではないかと思っています。いまは『JRを残すか残さないのか』という、ある種、手段を残すこと、または廃止をすることが目的化している議論が見受けられますが、本当の目的は、市民や道民の足をいかに確保していくのかという観点から考えていくのだと思います」

道庁関係者はこう話す。「攻めの廃線でJR北海道から見返りとして七億五千万円の支援補填金と夕張市役所への職員派遣（一名）を勝ち取ったことを評価する声がある反面、廃線の瀬戸際にある維持困難路線を抱えている自治体は、夕張だけが先に手を挙げて廃線を言ったことに反発をした。他の自治体の首長も『このままでは赤字路線の維持は厳しい』と悩みながら議論を進めている中で『鈴木市長（当時）だけ抜け駆けをした』というわけです」。

熊谷けいこ夕張市議（共産党）もこう振返る。

「JR廃線問題では市民にも市議会にも何の相談もなく、単独でJR北海道と決めて来て事後承諾という形になりました。『夕張支線の廃線が止むなし』とした市長の独断専行に市議会として遺憾の意を表しましたが、この頃から市長の姿勢が変わったのだろう。非公式な場で『どうして今まで事前に市議会に相談してきたのに、今回に限って勝手に決めて来たのか』と聞いたら、鈴木市長（当時）は『様々な方からご助言をいただいて』と回答。菅官房長官だったのかは分かりませんが、『支援金をJR北海道が出すから廃線を逆提案したらいい』と言われるなどの働き掛けがあったのだと思う。廃線をいち早く言い出した背景には、国の意向が働いていたのだろうと推測しています」

「北海道は広いし、都市部の多い本州のJRと同じ採算性になるはずがない。そこで儲けた分をJR北海道に回してもらわなかったら、人口が少ない地域の鉄道が維持できるはずがないのです」

鈴木氏は結局、安倍政権の赤字路線切捨ての枠組みの中で、いかに自分をカッコ良く見せるかを考える優等生的小役人にしか見えないのだ。

これに対して石川氏は出馬会見で、元官僚の高橋知事道政を「中央依存体質が続いた」と総括した上で、市町村長や経済人らから意見を聞く「北海道経営会議」創設を訴えた。JR存続問題でも「廃線にするのは簡単」と言いながら物流や観光や地域の足の面から「一度立ち止まって鉄路を残すことを考えるべき」という立場を明らかにした。

「一つは欧州にある上下分離方式をもう一回、各市町村の方々と相談をして検討してみる。またJR貨物の使用料が非常に安く設定されているが、国と相談しながらJR北海道の収益をどう増やしていくのかを考えなければならないし、三島問題（JR分割民営化で経営困難が予測されたJR北海道・JR四国・JR九州の問題）は国鉄が分割された時からの課題なので、いま新幹線がつながった今、JR東日本との連携も改めてトップとして先頭に立って相談しながら着地点を見つけることが大切だと思う」

二月一四日にも石川氏はＪＲ廃線問題を考える緊急集会に出席。「国土交通省、北海道開発局を含めて、もう一回、鉄路に対する支援を北海道知事がトップとして求めていくことが大事」と鉄道存続姿勢を打ち出した。

菅官房長官肝いり政策の「カジノ（ＩＲ）」でも、両候補の考えは正反対だった。鈴木氏が「経済的にプラス」「国内外から多様なお客様が北海道に来るきっかけ、外国人観光客の増加に向けた大きな推進力になる」と肯定的に捉えていたのに対し、石川氏は「ＩＲの経済効果は疑問」「推進の立場ではない」と強調した上で、「北海道は観光資源も豊かですし、観光を中心とした経済成長、一次産業、農林水産業を中心とした六次産業化で経済を押し上げていくのが適当だと思う」と別の路線を目指す考えを明らかにした。

鈴木氏が出馬会見でも時局講演会でも触れなかった原発問題でも石川氏は、脱原発の考えを述べた。「私は脱原発の立場で原子力に頼らない北海道を目指します。そしてブラックアウトを二度と起こさないために『北海道エネルギー革命』と題して自然再生エネルギーと従来のエネルギーのハイブリット技術である『デジタルグリッド』を活用、地域分散型で再生可能エネルギーによる産業を育成し雇用を増やしていきます」

再稼動に邁進する安倍政権に追随することなく、再生可能エネルギー拡大の独自路線を歩む意気込みを語ったのだ。原発再稼動の影響で再生可能エネルギーの出力制限が頻発し始めた「九州の二の舞にならない」と宣言したともいえる。

先の熊谷市議は「夕張市の財政再建も大きな争点になる」とした上で、「鈴木市長（当時）の手柄とは思っていない」とも強調した。「国や道や大企業（北炭）の責任、銀行の貸し手責任がウヤムヤのまま、借金を市に押しつけている。鈴木市長（当時）はそこに踏込まずに『国から引き出せるものは引き出す』という立場。専門家は『どこまで福祉を削れるのかの実験をしている』と指摘していますが、夕張市を破綻させた上で国の思い通りの地方創生に従ったメニューを使った『仮想自治体復活』の実験場にして、それを全国に広げようとしているようにもみえます」（熊谷市議）。

泊原発再稼働・カジノ誘致・JR廃線問題に加えて夕張財政再建への評価――両候補の違いが明らかになるにつれて、「国策追随型の自公推薦候補　対　地方自立・独立路線の野党統一候補」の構図が浮彫りになっていった。と同時に、辺野古新基地強行で保守分裂となった沖縄県知事選に似た「中央（官邸）依存路線　対　地方（オール北海道）自立路線」という様相も呈していたのだ。

「年収二五〇万円の共稼ぎ貧乏市長物語」を演じる鈴木直道候補

官邸主導で与党系候補となった「菅（官房長官）チルドレン」と呼ぶのがぴったりの鈴木氏の選挙参謀は、『洗脳選挙――選んだつもりが、選ばされていた！』の著者で、菅官房長官の懐刀として知られる選挙プランナーの三浦博史氏。

二〇一八年六月の新潟県知事選でも九月の沖縄県知事選でも現場に張り付いていたが、得意技の争点隠し選挙を、今回の北海道知事選でも実践し、鈴木氏が国策追随型の「官邸傀儡候補」である実態を覆い隠す選挙参謀役を果たしていたように見えたのだ。

鈴木氏の公明党時局講演会が苦労話中心の講演で、知事選三大争点（カジノを含むIR誘致・JR北海道の鉄道存続・泊原発再稼動）に触れなかったのも、三浦氏の指南と考えると合点がいくし、告示二日後の三月二三日に札幌で応援演説をした自民党の小泉進次郎・厚生労働部会長（当時。現在は環境大臣）が、国策三大争点について全く語らなかったことも辻褄が合う。沖縄県知事選で三回も応援演説に駆けつけながらも、辺野古の「へ」の字さえ一度も口にしないのと同様の光景が、北海道でも繰り返されたのだ。

市中心街の三越前で小泉氏は「鈴木氏と誕生日が一カ月違い」と切り出し、「鈴木さんに浴びせられている三つの批判に対して反論に来ました」と本題に入った。

一つ目は「若いから経験不足」という批判で、こんな反論をした。「鈴木直道さんは日本で唯一の財政再建団体の夕張の舵取りをしたのです。日本全国で自治体の首長は一七〇〇人いるが、その中でその経験をしたことがある人は鈴木さん以外にいない。『若いから経験がない』と私もよく言われます。経験がないから邪魔することっていっぱいある。（しかし）成功体験があるから中々それにこだわって前に進めない人はいっぱいいるじゃないですか。だから『経験不足だから』という批判は全く当たらない」

二つ目の北海道出身ではないとの批判への反論は、以下の通りだ。「世界を見て、日本全体を見て、北海道を外から見るから、初めて北海道のいいところ、北海道が変わらないといけないところがわかるのは、北海道出身ではないからわかることがある」「北海道出身者ではないところで、自分なりの考え方を北海道のために使って、そして北海道出身の人達にしかわからないことは、そういう皆さんが鈴木さんを支えればいいじゃないですか。そういう北海道作りが必ず私は出来ると思っています」「これまで見たこともない北海道ができると信じています」

そして三つ目の批判は「若いくせに夜、お酒を飲むときに酒をついで回らない」というもので、小泉氏はこう切り返した。「『あの人は若いから酒をつぐべきなのに俺のところには酒をつぎに来ない』という大人には絶対になりたくない。むしろ私はつがれることが嫌です。つがれたらつがないといけないから。そんな気を使うお酒の席、食事の席、楽しいですか。そんな批判をしている人達との戦いなのです」

抽象的な美辞麗句をちりばめた小泉氏の演説は、約一〇分間。沖縄県知事選と同じように北海道知事選でも国策三争点（カジノ・JR・原発）について、何一つ具体的に語ることはなかったが、予想外だったのは対立候補である石川候補の応援弁士たちがそろって批判をしていた「官邸主導で候補になった『菅（官房長官）チルドレン』」を無視したことだ。

石川候補の応援に玉城デニー知事が駆けつけた、二〇一九年三月二〇日の札幌市内での集会では、応援団長の上田文雄・前札幌市長が「中央に『すが（菅）る』のは止めよう」と皮肉ると、横路孝弘・元知事も「菅官房長官の鶴の一声ならぬ狼の一声で、自民党北海道連の多くが推す国交官僚ではなく、鈴木候補に決まった。戦前に戻ったようだ」と呼応していた。

それなのに小泉氏は、相手陣営が集中砲火を浴びせていた批判への反論をせず、石川氏の街頭演説でも個人演説会でも聞いたことのない『お酌をしない』という瑣末な批判を勝手に拾い上げて事足りていた。

「詐欺師紛いのすり替え論法」と言われても仕方がないが、これも都合の悪い情報に有権者の関心を向けさせない三浦氏直伝の「洗脳選挙」の手法なのかも知れない。

「鈴木市長物語」山場は知事選出馬時の妻との会話――三浦氏の脚本と演技指導に応える

「洗脳選挙」のプロである三浦氏の脚本と見られる「鈴木市長物語」のハイライトは、知事選出馬決断を伝えた時の妻との会話の場面だろう。二月一日の出馬会見で鈴木氏は妻への思いを次のように語りながら「また二人でゼロから」とまで言って言葉を詰まらせたのだ。

「(一月二七日に)私自身が決断をして妻に『挑戦させて欲しい。もう一回ゼロになってしまうが、挑戦させてくれ』という話をして、ご理解を頂いて今日、この場に立つことができました」

「今まで市長報酬も七〇%カット(年収二五〇万円)でやってきました。妻にも働いていただいて二人三脚でやってきました。本当に苦労をかけてやってきました。仮に私が知事になったとしても、北海道の財政状況を考えると、最低水準の三〇%ぐらい報酬を削減しないといけないと思っております し、そういった意味では、新しい挑戦やいろいろな意味で負担をかけることについては『本当に申し訳ないな』という思いが正直あります。ただ本当に本当に何と言うのですかね、逆境の中で何かを見出していく。本当に私が妻の立場だったら『もう嫌だから』と言うと思うのです。そこは『わかりました』と言ってくれたので、また二人でゼロから」

このハイライト場面にメディアは瞬時に反応し、会見場はフラッシュの嵐となった。北海道の今を読み解く地域経済ニュースサイト「リアルエコノミー」の二月二日配信の「スズキの軽で駆け付けた夕張市長・鈴木直道氏（三七）が北海道知事選に出馬表明」に、「夫人の話になって涙ぐむ鈴木氏」という解説付の写真が掲載された。

しかし八年前の夕張市長選は野党系の鈴木氏と自民党前衆院議員の飯島夕雁氏と実業家の羽柴秀吉（本名・三上誠三）氏の戦いであったのに対して、今回の北海道知事選は安倍政権中枢の菅官房長官の後ろ盾があった。そのため、自民党北海道連の決定権を剥奪する形で与党系候補になり、巨大戦艦のような自公推薦も得られた。

一度目の市長選への挑戦は「ゼロからのスタート」といえるだろうが、今回は「大船に乗って順風満帆のスタート」が約束されていたに等しい。支援態勢に天と地ほどの差があるのに、八年前の同じような「また二人で」と涙ながらに訴える鈴木氏の演技能力は天下一品に違いない。三浦氏の素晴らしい脚本と演技指導に見事に応えたともいえるだろう。

二〇一八年一一月二九日の朝日新聞「木曜『カルチャー・考える』【道しるべ　外岡秀俊】」は「市職員の給与カットは七%減にまで改善した。だが市長本人は据え置いたままだ。手取り年収二五〇万円。退職金ゼロ」と紹介。

また、「鈴木直道・夕張市長＜前編＞妻からは『家にお金を入れてと』」と銘打ったジャーナリストの渡辺輝乃氏のインタビューでも鈴木氏は、次のように答えていた。「市長の報酬は就任後ずっと二五〇万円に抑えたままで、市の交際費は予算ゼロ。（中略）妻からは『とにかくちゃんと家にお金を入れて下さい』と言われてしまうんですよ」（鈴木直道・夕張市長＜前編＞妻からは「家にお金を入れてと」＝二〇一八年一一月一四日の日刊ゲンダイ）

薄給で苦労しているかのような妻との会話を紹介するのは鈴木氏のキラーコンテンツのようだが、夕張市役所で閲覧可能な資産公開文書を見ると、誇大広告のような脚色話ではないかと疑いたくなる。「平成二九年（二〇一七年）一月から一二月」の「給与所得二五〇万九六〇〇円」に加えて、「雑所得四六九万八七二五円」もあった。実際の年収は、取材記者に語って読者に広まる「市長給与二五〇万円」の三倍近い約七二〇万円にも達していた。薄給が理由で妻にとやかく言われる額ではないだろう。

前年の「平成二八年（二〇一六年）一月から一二月」の雑所得は「約二九七万円」で、合計年収は約五四七万円。平成二八年から平成二九年の雑所得増加額は一七二万円。この増加傾向が、上記の両記者が取材した平成三〇年（二〇一八年）までも続いたとすると、推定の合計の年収は八九三万円となる。

何と巧みなイメージ作りであろうか。メディアに都合がいい情報（市長給与）だけを伝えて不都合な真実（雑収入）は語らずに「年収二五〇万円で妻も苦労する共稼ぎ貧乏市長生活」という虚像を作り上げるのに成功していたのだ。

鈴木氏の著書『やらなきゃゼロ！』には、自宅購入の際に「親から資金援助をしてもらい」とあったが、二〇一九年二月一一日の公明党時局講演会での講演で、「高校時代に父親が離婚で出て行って、母子家庭でアルバイトをして大学進学断念。一八歳で都庁に就職」と語っていたので、親からの資金援助は困難ではないかと思ったが、実は母親は一六年前に再婚していた。告示日の第一声に駆けつけて名刺交換をした鈴木氏の義父は一九三五年生まれの元埼玉県議会議員で「有限会社　長嶺経済企画」の長嶺正之氏だった。

私の疑問は消え去った。こうした経歴の義父ならば、自宅購入資金の援助は十分に可能に違いない。しかし公明党時局講演会では、鈴木家が再婚で経済的余裕が出来たという話は一切しなかった。

全国唯一の与野党激突として注目された北海道知事選は、官邸主催の政治劇（ショー）でもあったのではないか。菅官房長官が総監督で、官邸御用達の選挙プランナーの三浦氏が現地で脚本と演技指導を担当。そして演技能力抜群の鈴木氏が「年収二五〇万円の共稼ぎ貧乏市長物語」を演じ、小泉氏が友情出演もして盛り立てたようにみえる。

「貧乏生活に耐えた若手辣腕市長経験者と思って選んだら、官邸言いなりの国策追随型知事を選ばされてしまった」という巧みな仕掛けなのではないか。北海道知事選は、菅官房長官の懐刀として知られる三浦氏の「洗脳選挙」が通用するのか否かを問う選挙でもあったのだ。

第5章

埼玉県知事選で選挙プランナー師弟対決

1　官邸御用達選挙プランナーの敗北

「今後の政権運営に影響を与えかねない重要地方選挙に関わった時の勝率抜群」という〝菅官房長官神話（勝利伝説）〟が崩れ始めた。与野党激突の構図となった「埼玉県知事選（二〇一九年八月二五日投開票）」で、菅氏が二回応援演説をして、現地には菅氏の懐刀の〝官邸御用達選挙プランナー〟の三浦氏が張り付いたのに、自公推薦候補の青島健太氏（元スポーツライター）が野党四党支援の大野もとひろ氏（国民民主党前参院議員）に破れてしまったのだ。

しかし翌八月二六日の官房長官会見で菅氏は、自らが精力的にテコ入れをしたのに他人事であるかのような紋切型のコメントで事足りた。

――（東京新聞の中根記者）昨日投開票された埼玉県知事選について伺います。選挙は立憲民主党や国民民主党など野党四党が支援した大野もとひろ氏が、自民党と公明党が推薦した青島健太氏らを破って初当選しました。今回の知事選挙は一〇月の参議院埼玉選挙区の前哨戦ともされましたが、選挙結果に対する受止めをお願いします。

菅官房長官　いつもの通りでありますけれども、地方自治体の選挙はその地域の住民の皆様方がその地域の課題をめぐって投票を行うものであり、政府としてコメントすることは控えたいと思います。

しかし菅氏が平静を装っても、「知事選敗北、自民に危機感　埼玉」（八月二七日の朝日新聞）や「戦犯は菅長官か　埼玉県知事選で自公が想定外敗北の衝撃」（八月二六日の日刊ゲンダイ）と報じられたように、今回の〝埼玉ショック〟が安倍政権を直撃したのは確実だ。大野氏支援の鈴木正人県議はこう振返る。

「『政治経験がなくても知名度抜群の青島氏を担げば勝利確実』と安易に考えた自民党の驕りが、大野氏の『奇跡の大逆転勝利』につながった。最近は自民系候補ばかり応援している三浦氏に対抗すべく、都議選圧勝の実績のある若手選挙プランナーの松田馨氏が参院選後に加わって大野陣営の雰囲気が一変、諦めムードが一掃されたことも大きかった」。

たしかに当初は知名度の高い青島氏がトリプルスコアでリード。そして枝野幸男・立憲民主党代表（衆院埼玉五区）のお膝元での県知事選勝利で野党第一党にダメージを与えるべく、菅氏をはじめ岸田文雄政調会長や甘利明選対委員長（当時）ら自民党大物議員が続々と現地入りし、しかも黒岩祐治・神奈川県知事や森田健作・千葉県知事まで応援に駆け付ける総力戦を展開したのに、支持率低迷の国民民主党前参院議員の大野氏にまさかの敗北を喫したのだ。

菅氏と懇意で懐刀の三浦氏が、松田氏との〝選挙プランナー師弟対決〟に破れた意味も極めて大きい。重要選挙での連戦連勝で一強多弱状態を謳歌してきた安倍長期政権の屋台骨（勝利の方程式）が崩れ始めたといえるからだ。

同じく与野党激突となった二〇一八年六月の新潟県知事選では「自公推薦候補敗北の場合、『森友加計にまみれた安倍首相では選挙を戦えない』との声が党内で強まって石破茂氏支持が広がり、総裁選三選に黄信号がつく」と言われたが、三浦氏が選挙参謀として現地に張り付き、菅氏と懇意な佐藤浩・創価学会副会長を通じて創価学会員もフル稼働することで、野党統一候補を打ち破った。

危機管理能力抜群の菅氏が安倍首相が窮地に陥るのを未然に防いだ形だが、この新潟県知事選勝利に貢献したのが三浦氏であったのだ。

日本の選挙プランナーの草分け的存在で、『洗脳選挙』の著者である三浦氏の得意技は、安倍政権の常套手段である争点隠し選挙だ。「北海道知事選（二〇一九年四月七日投開票）」でも現地に張り付き、官邸主導で与党系候補となった〝菅（官房長官）チルドレン〟こと鈴木直道知事の当選に貢献。若手イケメン芸人風の鈴木氏は国策に関わる三大争点（カジノ誘致・泊原発再稼働・JR赤字路線問題）に触れない争点隠し選挙を忠実に実践、夜間大学卒の苦労人で年収二五〇万円の貧乏生活で夕張財政再建に尽力した若手市長のイメージを打ち出し、菅氏直系の〝官邸傀儡候補〟の実態を隠す「洗脳選挙」で、三大争点について語った石川知裕元衆院議員を打ち破ったのだ。

そんな三浦氏を埼玉県知事選の取材で連日目撃したので、「自公推薦候補勝利の可能性大」と私も思ったが、この予測は見事に外れた。大野氏の「奇跡の大逆転勝利」（選対関係者）で、三浦氏の弟子に当たる若手選挙プランナーの松田氏が師弟対決を制したのだ。

ちなみに二〇一二年夏の山口県知事選でも三浦氏と松田氏は師弟対決。この時は、自公推薦の元国交官僚の山本繁太郎・前知事が中国電力「上関原発」建設をめぐる政策を丸飲みする争点隠し選挙で、原発建設反対や再生可能エネルギー拡大を訴えた「環境エネルギー政策研究所」の飯田哲也所長を破り、師匠の三浦氏に軍配が上がったが、七年後の埼玉県知事選では弟子の松田氏がリベンジに成功したのだ。

2　菅官房長官の勝利伝説が崩れた瞬間

「松田氏が選挙プランナーとなったことに加えて、大野氏を後継指名した上田清司知事も『正義の旗を掲げた方が勝つ』などと熱く語って激を飛ばし、公休を取って応援演説をしたことも大きかった」（地元記者）。松田氏が加わった大野陣営が強調したのは「県民党　対　中央」。安倍政権とのパイプの太さをアピールしながら公共事業推進姿勢を打ち出す青島氏に対して、公共事業に抑制的な四期一六年の上田県政継承を大野氏は訴えたのだ。

「上田知事が引退表明をして以降、自民党県議団の中で県庁建替えを進める動きが活発化しました。必要な費用は四〇〇億円以上と見積もられていて上田県政では進まなかったのですが、一六年ぶりの県政奪還の可能性が出て来た途端、具体化し始めたのです。県知事選の争点の一つともなりましたが、青島氏が『できるだけ早期に』と訴えたのに対し、大野氏は『今すぐの着工反対』という慎重姿勢で、両候補の立場の違いは明らかでした」（地元記者）

三浦氏が関わった新潟県知事選でも北海道知事選でも、自公推薦候補は中央とのパイプの太さを強調、中央から補助金（税金）を引っ張ってくる利点を訴えた。同じ手法を埼玉県知事選でも繰り返したといえるが、埼玉県民は中央直結型の土建県政復活よりも、上田県政継承の県民党候補を選んだといえるのだ。これまで有効だった三浦氏の常套手段が今回、「県民党　対　中央」の構図に持ち込まれて効力を失ったようにもみえるのだ。

菅氏の勝利伝説が崩れた敗因は他にもある。懇意な佐藤浩・創価学会副会長を通じた「創価学会員フル稼働」が作動しなかったというのだ。「今回、夏休み期間であったことから、創価学会がほとんど動かなかったようです」（創価学会事情通）。

いくつかの要因が重なったものの、埼玉県知事選での自公推薦候補敗北は、安倍政権の退潮傾向に拍車をかけるものだ。参院選では安倍首相が二回応援に入った激戦区で二勝六敗と大きく負け越し、三二の一人区でも野党統一候補が一〇勝と善戦を許した。同じように埼玉県知事選でも、菅氏自身が二回応援演説に入り、懐刀の三浦氏が選挙参謀を務めたのに、まさかの逆転負けを喫したのだ。

大野氏勝利を受けて玉木代表は談話を発表。「与野党激突の厳しい戦いを制したことは、次期衆院選に臨む我々にとっても大きな展望を切り開く」「より一層の野党連携を進める」と意気込んだ。

今回の埼玉県知事選の教訓は、官邸御用達選挙プランナーに対抗しうる選挙参謀を抜擢、野党一丸となって戦えば、自公推薦候補を打ち破れることを実証したことだ。

第６章　西日本豪雨災害で露呈の安倍首相

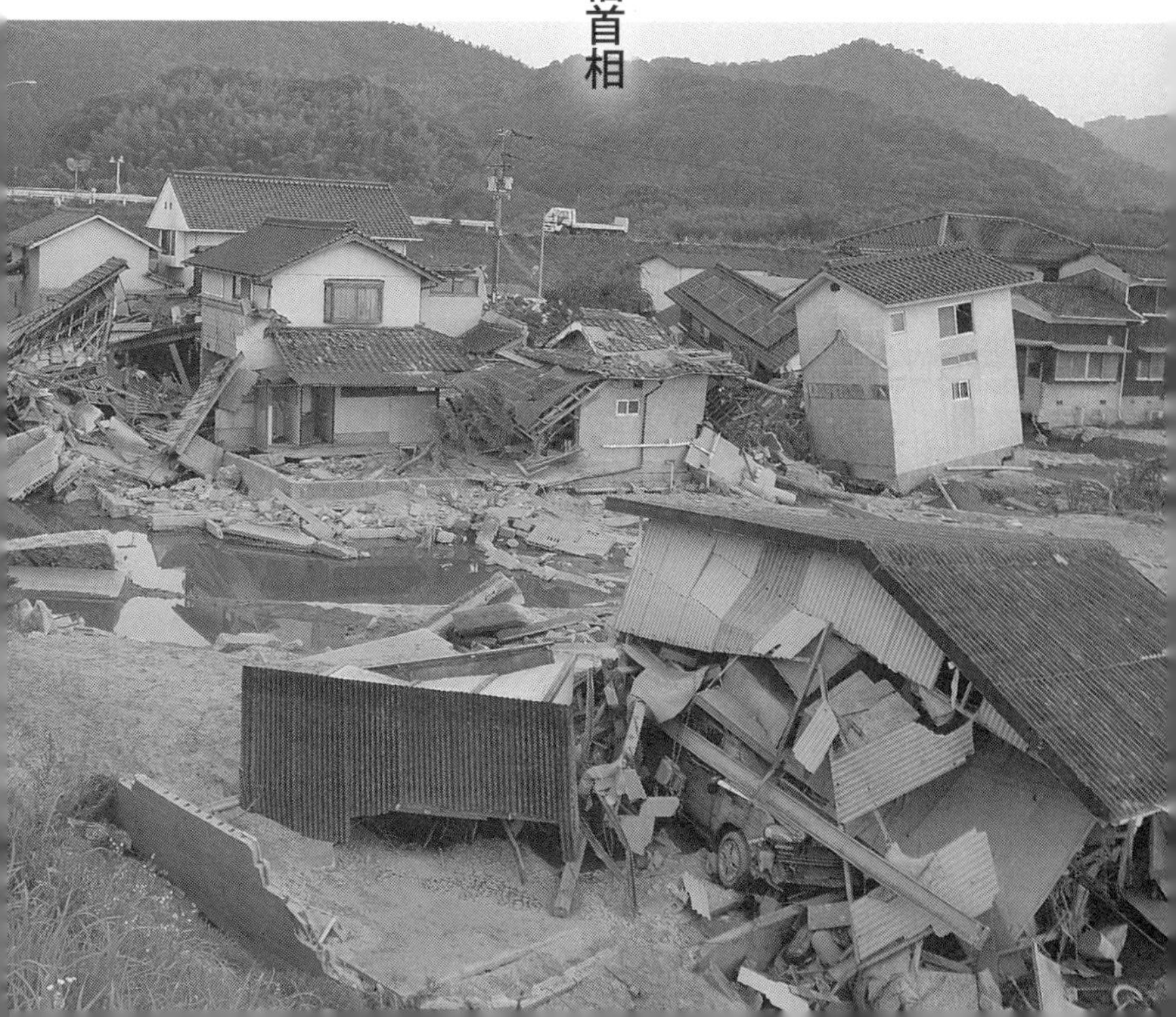

1　安倍首相の「米国第一日本国民二の次」の売国奴的姿勢と土建政治回帰

職務怠慢の反省もないまま豪雨災害を利用して公共事業予算アップ

二〇一七年一〇月の総選挙で惜敗した後も嘉田氏は、知事時代の経験や専門知識を活かしながら精力的な活動を続けた。二〇一八年七月に西日本豪雨災害で大きな被害が出ると、国交省の「ダム最優先・堤防強化二の次」の河川政策が原因といち早く指摘し、「歴代の自民党政権の人災」と一刀両断にした。五一人の死者を出した岡山県倉敷市真備町の現地を国会議員らと視察、総裁選出馬をした石破茂氏が提唱した「防災省創設」にエールを送り、ダムからの緊急異常放流で下流住民が犠牲になった愛媛県西予市や大洲市にも足を運んだ。

しかし「人からコンクリート」の安倍政権は、「コンクリートから人へ」「脱ダム」を掲げて自民党を下野に追い込んだ民主党政権を「悪夢だった」と繰り返し全否定。日本政治史の歯車を逆回転させて公共事業バラマキの土建政治を復活させた。そんな旧態依然とした安倍土建政治やダム建設ありきの河川政策に対して、嘉田氏は問題点を指摘、本来あるべき防災・減災対策（代替案）を提示する役割を買って出ていたのだ。

西日本豪雨災害を受けて安倍政権は五カ月後の二〇一八年一二月一四日、「防災・減災、国土強靱化のための三か年緊急対策」を閣議決定した。堤防かさ上げなどの防災目的のインフラ整備や交通インフラ網整備などを推進、総事業費は約七兆円にも及ぶ。安倍首相の赤坂自民亭（飲み会）出席による初動遅れなど豪雨災害被害の検証が不十分なまま、「防災」を錦の旗に公共事業予算が焼け太りすることになった。翌年の参院選向けの選挙対策であったことは明らかで、公共事業増加の見返りに自民党への献金や選挙支援を求める〝土建政治〟をエスカレートさせたといえるのだ。

住民の生命財産を守るのに有効な防災関連事業立案（予算確保）と、選挙対策狙いの公共事業バラマキは似て非なるものだ。決定的な違いは、災害の原因分析に基づいて対策立案がされているか否かであるが、安倍首相は未だに西日本豪雨災害時の初動の遅れについて「政府一丸となって災害発生以来、全力で取り組んできた」と言うだけで、被害拡大への謝罪も反省もしていない。費用対効果の乏しいピント外れの防災事業のオンパレードになるのは当然のことなのだ。

＊

ＪＲ倉敷駅から北へ約五キロ、中国山地が源流で高梁川を川沿いに走っていくと、支流の小田川との合流点に着く。その先が街全体が二〇一八年七月の西日本豪雨災害で五メートルも水没した倉敷市真備町地区だ。そこには、東日本大震災の津波被災地と二重写しになる光景が広がっていた。

多くの民家は崩れ、傾き、二階建ての一階部分だけが抜けた家も少なくない。土ぼこりが舞い、ガレキのようなゴミの山が各所に出現。道路は土砂にまみれ、水没して動けない車も目に飛び込んでくる。住民の生命財産を守る〝最終防衛ライン〟とも言うべき堤防が決壊、津波のような濁流が住宅地に押し寄せて来てしまったのだ。

八カ所の堤防が決壊した小田川とその支流では、復旧工事が急ピッチで進んでいた。決壊部分には土嚢が積まれて原形を取り戻しつつはあったが、もろくも崩れかかった箇所も残っていた。しかも高梁川も小田川も中州に木が繁茂、スムーズな流れを妨げていた。

「これは人災です。コレステロールがたまって血流が悪化、破裂したようなものです」

家がほぼ全壊、岡田小学校で避難生活を続けていた竹内昇さんは私にこう断言。安倍首相が訪れた時も小田川の河川維持管理のズサンさを直訴。川の流れをスムーズにして血管壁に当たる堤防強化をすることもしなかった行政の職務怠慢が水害の原因になったというわけだ。

死者二〇〇人以上となった平成で最悪の西日本豪雨災害で、「米国益第一・日本国民二の次」の売国奴的でかつ土建利権体質でもあるアベ政治が露呈した。安倍首相総裁選勝利に向けた宴会に興じて初動が遅れたことに加え、災害対応の陣頭指揮を取るべき当時の石井啓一国交大臣（公明党）が「カジノを含む統合型リゾート（ＩＲ）実施法案」の審議に張り付き、海外カジノ業者が儲かる賭博解禁（カジノ実施法案成立）を優先、日本国民の生命財産をないがしろにしたといえるからだ。

あまりの危機感の乏しさに批判が噴出したのが安倍首相だ。気象庁は二〇一八年七月五日一四時に「西日本と東日本で記録的な大雨となるおそれ」と発表、二〇時には近畿地方の三万七〇〇〇世帯に避難指示が出され、土砂崩れなどの被害も出始めていた。

しかし非常災害対策本部が立ち上がったのは、二日半以上（六六時間）も経過した七月八日午前八時。それなのに安倍首相は自らの初動の遅れを棚に上げ、「救命救助、避難は時間との戦い。引き続き全力で救命救助、避難誘導にあたってもらいたい」と述べたのだ。

しかもノー天気な安倍首相は七月五日夜、自民党議員が赤坂の議員宿舎で開いた飲み会「赤坂自民亭」に出席していた。参加者は党幹部クラスを含む約四〇人で、翌日のオウム事件の死刑執行を最終承認した上川陽子法務大臣（当時）や、災害救援に出動する自衛隊を指揮する小野寺五典防衛大臣（当時）も含まれていた。最後は安倍首相と共に集合写真を撮影した様子は、片山さつき参院議員が次のようにツイートをしていた。「安倍総理　初のご参加で大変な盛り上がり！　内閣からは上川法務大臣　小野寺防衛大臣　吉野復興大臣。党側は岸田政調会長　竹下総務会長　塩谷選対委員長、我々中間管理職は、若手と総理とのお写真撮ったり忙しく楽しい！」。

嘉田由紀子前知事が「堤防決壊は人災」と一刀両断

安倍首相が宴会で盛上っていた中、「記録的な大雨」と気象庁が警告してから非常災害対策本部立ち上げまでの六六時間の間の七月七日朝、岡山県倉敷市真備町地区で堤防が決壊して一帯が水没、死者五一名の被害が出てしまった。河川政策の専門家で日本初の流域治水条例をつくった嘉田・前滋賀県知事（二〇〇六年七月～二〇一四年七月）は、「歴代自民党政権の人災」と指摘した。

「水没した真備地区は、ハザードマップ（被害予測地図）で二メートルから五メートルの浸水が予想された危険区域でした。『これだけ危ないですよ』という具合に、浸水リスクを住民に十分に知らせ、避難を促すワークショップを開催し避難行動を『自分事化』することができていなかったのではないでしょうか。行政として最も防がないといけない堤防決壊対策、堤防補強が不十分だったのではないでしょうか。しかも、真備地区では高梁川の支流の小田川などで堤防が決壊していますが、この地区の堤防補強が最優先課題だったのです。

滋賀県知事になる頃から『鋼鉄製の矢板やコンクリートで周りを囲むアーマーレビー工法で鎧型堤防にして補強すべき』と国に提案して来ましたが、歴代の自民党政権は『鎧型堤防は当てにならない。堤防補強よりもダム建設だ』と言って来た。この優先順位による河川政策が今回の豪雨災害でも大きな被害をもたらしたのです」。

嘉田氏と連携する脱ダム派の草島進一・山形県鶴岡市議は二〇一八年七月一〇日から一一日に現地調査、真備町地区の決壊した堤防を撮影した。この写真を見た嘉田氏の解説を聞いていくうちに、「歴代自民党政権の人災であることを物語る決定的現場写真に違いない」と私も確信した。「草島氏の写真を見ると、堤防の土の断面が露出しているのが分かる。ここを矢板やコンクリートで補強しておかないといけなかった」と聞くと、嘉田氏はこう答えたのだ。

「鋼鉄製の矢板やコンクリートで堤防を補強する方がダム建設よりもお金がかかりません。国交省の緊急点検で強化が必要と判定された約二二〇〇キロのうち、現段階で工事が終了したのは半分にも満たない。この堤防強化を最優先で進めるべきだったのです」

大半のマスコミは「本流の高梁川と支流の小田川の合流地点で、流れの多い高梁川側から流れの少ない小田川側に逆流（バック・ウォーター）が起きて、支流の堤防が決壊した」という専門家の見方を紹介するだけで事足りていた。しかし「自然現象で大災害が起きた」という印象を与える報道について、嘉田氏は「逆流を想定して堤防決壊を防ぐ補強をしておかないといけなかった」と踏み込み、

「人災」である理由を説明してくれた。

「『本流（高梁川）の水量が多いから、支流（小田川）に逆流する』というのは河川工学の教科書に載っていること。当然、逆流による浸水リスクは予測できたのだから、堤防決壊を回避するための補強が緊急課題だったのです。水害常襲国家でありながら、きちんとした対策を打たずに真備地区で五一人の方が亡くなった。『日本は文明国なのか』と言いたくなります。

水没危険区域では堤防強化をして、水が溢れても破堤しないようにすることが不可欠です。堤防の決壊とオーバーフロー（越水）では被害が全然違います。オーバーフローをして堤防の反対側がえぐられて決壊する場合が多いので、矢板やコンクリートで堤防を鎧のように補強すれば、越水はしても決壊は防げる。補強費用もダム建設に比べたら遥かに安価でできます。だから『ダム建設よりも堤防補強を優先すべき』と言い続けて来たのです」

ダム問題に長年取り組む「水源開発問題全国連絡会（水源連）」の嶋津暉之共同代表も、嘉田氏と同じく「堤防補強を最優先すべき」という立場だった。安価な代替案についてこう説明する。

「必要性や緊急性が乏しいダムに税金を投じるよりも堤防の強化に使う方が有効。堤防を安価で強化する方法は堤防の真ん中に『ソイルセメント（土とセメントが混じったもの）』を入れる工法や、真ん中に鋼鉄製の矢板を入れる工法もある。そうすると、破堤のリスクがある堤防を一メートル当たり五〇万円から一〇〇万円で強化できます。それなのに国交省は認めようとしない。理由は『土堤原則』。『堤防は土で構成されていなければならない』という原則を国交省は持ち出している。

なぜ認めないのか。『（巨額の事業費で時間もかかる）ダムやスーパー堤防の必要性がなくなってしまうため、それで安価な堤防強化工法を拒んでいるのではないか』と疑っています。ここに国の河川行政の致命的な誤りがある。国民の生命財産を守ることを最優先すれば、安価で迅速な堤防強化策を認めるべきなのに、国交省はその姿勢を改めようとしていないのです」

この国交省の頑なな姿勢こそ、歴代自民党政権が築き上げた政官業の癒着構造が生み出したものといえる。

嘉田氏は「ダム建設をめぐる政官業のトライアングル」と命名、こう補足してくれた。「自民党国会議員と国交官僚とゼネコンの癒着の産物です。ダム建設で儲かるゼネコン、献金を受ける自民党、そして巨額の予算を確保できる国交官僚の利害が一致、優先順位が逆転した河川政策が未だに続いているのです。こうして国交省は『ダムさえできれば、住民は枕を高くして寝ていられる』という〝ダム安全神話〟をばらまいてきた。その結果、限られた河川予算が有効に使われず、浸水危険区域の堤防補強が後回しになってしまった。今こそ、治水効果が限定的な不要不急のダム建設を凍結、緊急に進めるべき堤防補強予算を増やすべきなのです」。

鬼怒川水害でも堤防決壊――公明党歴代国交大臣の責任重大

二〇一五年九月一〇日午後に堤防が決壊、二人が死亡、三〇人が重軽傷を負った鬼怒川水害も今回の西日本豪雨災害と同様、「人災」だった。

「一〇年に一回程度の大雨に耐えられない」として堤防強化が予定されていたのに、その工事を終える前に破堤してしまったからだ。「湯西川ダム訴訟で警告を発していたことが実際に起きてしまった」と先の嶋津氏は振り返る。二〇〇八年に証言台に立って「巨額の河川予算が投じられている湯西川ダムを中止、その予算で鬼怒川下流部の河道整備をすみやかに進めるべき」と訴えて意見書も出したのに、裁判所も国交省もダム建設を見直さなかったのだ。

鬼怒川水系の上流には川俣ダム・川治ダム・五十里ダム・湯西川ダムがあり、その一つである湯西川ダム建設の必要性をめぐって裁判が起こされていた。「ダムが有効なのは上流域に雨が降った場合で下流の雨には無力。それなのに国は膨大な予算をかけて、鬼怒川水系の湯西川ダムをはじめ全国各地で整備を続けている。鬼怒川水害は、効果が乏しくて高価で時間もかかるダムを優先した河川行政が招いた人災といえます」(嶋津氏)

二〇一五年の鬼怒川水害の堤防決壊の教訓を活かさず、人命軽視のダム建設優先の河川政策を改めなかった国交省の職務怠慢が再び、西日本豪雨災害を招いてしまったのだ。安倍政権の職務怠慢が招いたと言っても過言ではない。

しかも嶋津氏は「二重の意味での人災」という可能性についても指摘。「ダム建設優先で堤防補強が二の次になった」ことに加え、「ダムからの異常放流が堤防決壊の要因となった可能性がある」との報道が流れ始めたからだ。水害から住民を守るはずのダムが命を奪う〝凶器〟と化す場合もありうるということになる。「西日本豪雨災害ではダムが肝心な時に役に立たないことが分かった。それどころかダムの放流で急激に水位が上がってしまい、被害を大きくした可能性がある。これも検証しないといけない」(嶋津氏)。

西日本豪雨災害は〝ダム異常放流による人災〟

「『もう放流はしないでくれ』水没の街にみたダム行政の〝限界〟【西日本豪雨】」と銘打った二〇一八年七月一六日放送「日曜報道ザ・プライム」は、高梁川上流の高梁市落合町で七月六日夜に起きた急激な水位上昇と氾濫状況を紹介。後日、再び記者が山梨大学の末次忠司教授（国交省河川研究室）と現地取材。増水したホテルの窓ガラスに残った三本線を見て「水の流量が（三回）一気に増えたという事です。その流量が増えた原因の一つがダムの放流かもしれない」と指摘。続いて高梁市の防災責任者の発言も次のように紹介した。「実は河本ダムに言ったんですよ。『これ以上流すと氾濫するから、もう放流はしないでくれ、頼むからやめてくれ』と。でも河本ダムからは『放流しなければダムが決壊する。そうなればもっと甚大な被害が出るから無理です』と言われました」。

実際、豪雨で流れ込む水量が急増した河本ダム（治水目的ダム）は七月六日夜に緊急放流を開始、一九時に毎秒三九一トンで平時の三九倍、二〇時には平時の四〇倍、二一時と二二時にはさらに水量が増え、二三時には毎秒五〇〇〇トン上回る放流が行われた。この経過を説明した後、番組は岡山県の担当者のコメントも紹介していた。「（ダムの）容量というのは限られていますので、その容量まで水が溜まるんですけど、それ以上溜まりますと、ダムの決壊という非常に大災害の恐れがありますので、それは絶対に避けなきゃいけない。まだ検証とかそういった話が出来ていませんのでどの辺が影響あったのかはこの場では言えない…」。

この発言を受けて登場したのが、『ダムが国を滅ぼす』の著者で脱ダム派の専門家として有名な京都大学名誉教授（河川工学）の今本博健氏。ダム優先の河川政策をこう批判した。「河本ダムはそれなりの働きはしているのです。だけど、被害を食い止めることができなかった、これがダムの限界だと思うのです。国交省は、ともかくダムを先に作る、優先して作るということで、強い堤防を作ることを後回しにしてきているのです」。

鬼怒川水害と西日本豪雨災害が見事に重なり合う。補強不十分の堤防決壊で一帯が水没したと同時に、氾濫した河川の上流に治水効果が限定的なダムがいくつも建設されていたという共通点があったのだ。ちなみに岡山県 備中県民局の高梁川ダム統合管理事務所のホームページには、高梁川上流に「河本ダム」「高瀬川ダム」「千屋ダム」「三室川ダム」の四つのダムを管理していることが紹介されていた。嶋津氏がダム訴訟で問題提起をした鬼怒川上流と同様、ダムがいくつも建設される中で堤防決壊が起きていたのだ。今本氏の鬼怒川水害に対する立場も嶋津氏と同じだった。「ダム建設よりも堤防強化の方が重要であることを実証したのが鬼怒川の水害。（国交省は）早急にやるべき堤防強化の優先順位を低くして、ダムやスーパー堤防を優先、足元の堤防強化を疎かにしていたということです。国交省の弛みとしか言いようがない。長期間にわたって国交省の河川官僚が予算獲得できる巨大事業（八ッ場ダムやスーパー堤防など）にこだわったためといえます」（今本氏）。

今本氏は、京都大学土木の後輩である太田昭宏国交大臣（当時）に「ダム優先の河川行政を改めて欲しい」と思い、政策変更の進言しようとしたことがあった。しかし「支持団体幹部を通じて大臣面談を申し込みましたが、拒否されました」（今本氏）。

第二次安倍政権（二〇一二年一二月発足）で国交大臣ポストは公明党の〝指定席〟だが、歴代自民党政権で続いてきた河川政策継承（＝ダム建設をめぐる政官業のトライアングルの温存）が前提であるようにみえる。初代の京大土木卒の太田大臣（二〇一二年一二月〜二〇一五年一〇月）は、河川政策変更を進言しようとした今本氏と面談せず、二代目の東大工学部卒の石井大臣（二〇一五年一〇月〜二〇一九年九月）も西日本豪雨災害で初動をすべき時にカジノ実施法案審議に張り付いた。しかも倉敷市真備町地区の堤防補強を怠った国交省の過ちを謝罪せず、歴代自民党政権と二人三脚で進めてきた「ダム優先の河川政策」を是正しようともしない。公明党は結局、日本国民の生命財産を守ることは不熱心だが、国富流出を招く〝売国的〟カジノ実施法案成立とダム建設優先の土建政治温存には熱心な安倍政権の補完政党といえるだろう。

しかも安倍自民党は「ダム最優先で堤防補強後回し」という人命軽視の河川政策の過ちを認めることもなく、「国土強靭化」を旗印にした災害対策関連予算増加に走り出している。細田博之元幹事長は七月一二日、民主党政権時代に八ツ場ダムが建設中止対象（後に建設再開）になったことについて、「ダムは予想せざる事態に対応するため必要なのだと今回また確認された」と推進論をぶち上げると、石原伸晃前経済再生担当相も「日本のインフラ技術があっても、これだけ大勢の方が亡くなった。『コンクリートから人へ』という政策は間違っていた」と同調した。ダム建設をめぐるトライアングル（政官業の癒着）を改めるどころか、逆に強化しようとしているともいえる。「厚顔無恥」「火事場泥棒」としか言いようがないだろう。

しかし脱ダム派の反転攻勢の動きもある。上流のダムの異常放流で肘川が氾濫した愛媛県大洲市で、山鳥坂ダム建設に長年反対してきた有友正本氏はこう話す。「いま山鳥坂ダム建設が進んでいますが、もっと早期に安価で出来る治水対策を進めるべきでした。川底の土砂をさらって移動する『河床の掘削』や『堤防強化』や『宅地の嵩上げ（高台化）』をやるべきだとして、市や県や国交省に要請しても動かなかった。まさに人災ですが、地元の脱ダム派議員と記者会見を開いて『治水効果が限定的なダムの異常放流による人災の可能性がある』『ダム優先の河川政策を転換すべき』とアピールしたいとも考えています。かつての民主党政権の目玉政策は脱ダム。途中で頓挫してしまいましたが、再び原点回帰をしてダム建設ありきの安倍政権と対決して欲しいと思っています」。

与野党対決の構図が浮き彫りになってきた。旧態依然とした河川政策に対する問題意識が乏しい安倍政権は、豪雨被害を助長した可能性も指摘されているダム建設にさらに突き進もうとしている。これに対して野党が「歴代自民党政権の人災」であることを検証しつつ、ダム建設をめぐる政官業のトライグル打破、そして人命優先の河川政策への転換を訴えていけば、河川政策を含む防災・減災政策が国政選挙の大きな争点の一つになっても不思議ではない。「人からコンクリート」の土建政治回帰の安倍政権に対して、野党が再び「コンクリートから人へ（人命優先の河川政策策定）」を旗印にすることで支持率回復につながる余地は十分にあるのだ。

岡山県倉敷市の視察で嘉田前知事が河川法五二条違反の疑いを指摘

安倍首相が三選を果たした「自民党総裁選（二〇一八年九月二〇日開票）」の際、西日本豪雨災害の被災地を訪れた嘉田氏は、石破氏提唱の「防災省創設」に賛同のエールを送り、自らの初動遅れ（犯罪的職務怠慢）に対する自覚も反省も謝罪もない安倍首相との違いを際立たせる役割をした。二〇一八年八月七日、国民民主党の柚木道義衆院議員（現在は無所属）、立憲民主党の山崎誠衆院議員らと共に岡山県倉敷市真備町地区を視察した時のことだ。

この現地視察でも、洪水被害を招いた原因の一つとして真備町地区に接する高梁川上流のダム緊急放水に疑いの眼差しが向けられていた。その〝主犯格〟として最も怪しまれていたのが、中国電力が管理する発電用の「新成羽川ダム」（高梁市）。「ダム緊急放流が下流の堤防決壊を招いたのではないか」と報道された県管理の「河本ダム」（高梁市）の七倍の貯水量を有し、緊急放流量も三倍弱となっていた（視察に参加した山崎議員が入手したデータ）。

しかも、同じ地区を襲った一九七二年の大水害でも「ダムからの放流が原因」として被災者が中国電力を訴えていた過去もあった。住民側が敗訴したものの、「高梁川水系最大の新成羽川ダムからの緊急放流が主原因だったのではないか」と仮説を浮上させる一助になったといえる。

こうしたことを踏まえて嘉田氏は、国交省の担当者をこう問い質した。「河川法五二条では、河川管理者（国交省）は洪水の恐れがあるときはダム設置者（岡山県や中国電力）に対し、必要な措置をとることを指示することができるはず。なぜ今回、やらなかったのですか？」

口ごもる国交官僚に対して私が「豪雨に備えて新成羽川ダムを空に近づけて緊急放流のピークを和らげる『事前放流』を中国電力に指示したのか」と再質問をすると、ようやく「していません」と説明役の国交官僚は回答した。河川法五二条を行使して洪水を避ける措置をしていないことが明らかになったのだ。

続いて嘉田氏は、石破氏が政策提言をした「防災省創設」の必要性も強調した。首相直系の防災省が存在していれば、記録的豪雨の予報を受けて「出来る限りの事前放流をダム管理者に指示できただろう」という具体的なメリットを語ったのだ。

このやりとりを聞いていた参加議員がブログで「どうやらこの規定は『伝家の宝刀』なっており、なかなか抜くことができない、つまり『空文』(規定はあっても使われない条文) になっているようです」と問題視したが、人災説の可能性がより高まった瞬間だった。

視察翌月の二〇一八年八月二三日にも嘉田氏は、日本外国特派員協会での記者会見「河川行政転換、西日本豪雨災害からの教訓」で、ダム管理者の国土交通省の不作為をズバリ指摘した。「真備町地区上流の河本ダム、新成羽川ダムなどいくつかのダムの異常放流が水害の原因になった可能性は？」という私の質問に対し、「河川法五二条というのがあり、事前放流をしなかった中国電力に対して、国土交通省が事前放流を指示できたがしていない。今後は河川法五二条を活かしてほしい」と答えたのだ。

注　河川法第五二条【洪水調節のための指示】河川管理者は、洪水による災害が発生し、又は発生するおそれが大きいと認められる場合において、災害の発生を防止し、又は災害を軽減するため緊急の必要があると認められるときは、ダムを設置する者に対し、当該ダムの操作について、その水系に係る河川の状況を総合的に考慮して、災害の発生を防止し、又は災害を軽減するために必要な措置をとるべきことを指示することができる。

2　宴席参加で初動遅れの首相は〝ダム緊急放流殺人犯〟ではないのか

「犯罪的職務怠慢による西日本豪雨災害人災説」が浮上

「国民の生命財産を守る」のが口癖の安倍首相が耳を傾けるべき講演会が二〇一八年一二月一日と二日、愛媛県大洲市と松山市で開かれた。「未来のために、命を守る治水対策〜あの洪水は、天災か、人災か〜」と銘打った西日本豪雨災害の検証集会で、河川工学が専門の今本博健・京都大学名誉教授が人災濃厚と結論づける独自試算を次のように発表したのだ。

「（愛媛県西予市の野村ダムが）『中小洪水対応』の現在のダム操作ではなく『大規模洪水対応』の旧操作であれば、異常放流をしなくて済み、野村ダム下流での人的被害（死者五名）は避けられた」

すでに国交省は「旧操作でも異常放流は避けられなかった」というシミュレーション結果を発表、〝天災説〟を主張していたが、これを真っ向から否定した。「私の計算が間違っていたら京大名誉教授の肩書を返上する。国交省のシミュレーションは捏造の疑いがあり、根拠を明らかにすべき」とデータ開示を求めたのだ。

洪水で夫が亡くなった被災者は、名誉教授の肩書をかけて国交省に〝喧嘩〟を売った今本氏の講演を聞いて、「野村ダムの〝人工津波〟と呼んでいましたが、人災だったことを確信しました。野村ダムが緊急放流さえしなければ、人工津波が起きることはなかった」と悔やんだ。

野村ダムの緊急放流で夫を亡くした被災者が口にした〝人工津波〟こそ、野村ダム下流域の洪水被害の原因を読み解くキーワードだ。初動遅れがなければ、不適切なダム操作ミスによる人為的な津波発生に等しい水没被害は回避可能だったといえる。安倍首相は気象庁が警告を発した同日夜の「赤坂自民亭」への参加を取り止めて非常災害対策本部を設置、記録的豪雨襲来地域のダム操作規則を緊急点検し、大規模洪水対象の適切な操作規則への変更指示を出しておけば、野村ダム下流の人命が失われることはなかったということだ。

しかし実際には安倍首相も石井大臣も総裁選対応やカジノ法案審議を優先し、二〇一八年七月五日一四時から無為無策の六六時間を過ごし、〝人工津波〟襲来を回避する職務遂行を怠った結果、五名の人命が失われてしまったように見えるのだ。

今本京大名誉教授が称号をかけ「旧操作なら人命が失われることはなかった！」

初動遅れの安倍首相と石井大臣による〝野村ダム緊急放流殺人〟の疑いが濃厚となる中、今本氏はダム操作の現場担当者を、原爆投下ボタンを押した搭乗員と重ね合わせながら、その心情を思い量った。

「実際に（ダム緊急放流の）操作をするのは操作員ですよ。ボタンを押す人ですよ。その人の押す時の心情を察すると、それこそ、察するに余りある。昔、原爆を落とした搭乗員は、エノラ・ゲイ（B29）に乗って上空で原爆を落とすボタンを押した。しかし、その後、彼は躁鬱病になって自殺していますよ。今回の野村ダムを操作した人も、このボタンを押せば、野村地区がとんでもないことになることが分かっていた。分かりながら押しているのです。押さざるを得ないのです。規則通りにしないといけないのです。だから『規則通りにしました』という『国交省四国整備局』（香川県高松市）の人間がしゃあしゃあと言う。そこに苦渋の表情がなかった。もしボタンを押した人なら涙ながらに『押しました』『押さざるを得なかったのです』というと思う。そういう意味で操作した人を責める気持ちは毛頭ありません。規則に従った人は責めない」。

野村ダムは当初、「大規模洪水対象」（旧操作）のダム操作規則であったが、途中で「中小洪水対象」の操作規則に変更していた。そうした経緯からすれば、記録的豪雨という予報が出た途端、かつてないほどの新たな緊急事態に対しては不適切な現行規則をすぐに改めて旧操作に戻す必要があったのだ。名誉教授の称号をかけた独自試算の結果を説明していった今本氏が、何度も旧操作に戻さなかったことについて悔やんだのはこのためだ。〝人工津波〟を引き起こした緊急放流をしなくても済んだというのだ。

「もし旧操作でやれば、私の計算ではサーチャージ水位（洪水時最大水位）に達することなく、（緊急放流なしの）対応ができた。亡くなった方の遺族は泣くに泣けないと思います。何で操作規則を（旧規則から）変えたのか」

「この（旧）操作をしていたら、少なくとも野村地区で人が亡くなることはなかったはずです。あんなダム直下の家があんなひどい壊れ方をすることはなかったはずです。ここのところを是非検討するのが（検証）委員会だったと思う。それをせずに終ってしまっています」

「このままでは、亡くなった方に我々は本当に顔向けることが出来ません。『なんでおまえ、このことが分かっていたのなら、なぜ早く言わなかったのか』と（亡くなった方から言われそうで）。自責の念にかられています」

「私だって『まさか自分の計算は間違っていないだろうか』と実はビクビクしている。もし間違っていたら京都大学名誉教授の称号は返還します。それ位、由々しきことです。私も必死です」

今本氏と共に講演をした嘉田氏も、ダム操作規則について「命を守るためには、この通りでなくてもいいと書き込めばいい」という同じ問題意識を持っていた。そして講演後、嘉田氏が夫が亡くなった被災者のAさんに声をかけると、当時の様子をこう振返った。

「私は仕事で呼ばれて六時すぎに（夫よりも家を）少し早く出たのです。夫が乗った車が上流に押し流されているようでした。その時に水が流れ出して、氾濫して大変だった。六時四〇分くらいでした。夫と最後に話をして、『いま氾濫した』と言っていました。泳いで逃げようとしたのでしょうが……」

続いてAさんは、今本氏が問題視した「旧操作」についても、次のように語った。

「野村ダムが緊急放流をしなければ、〝人工津波〟は起きません。私たちは〝人工津波〟と呼んでいます。旧操作が変わったことすら私たちは知りませんでした。流れ方が変わったことしか知りませんでした。昔は一杯（大量）に流していた。一杯に流していた映像が何年もないから『雨が沢山降っているのになぜ一杯流さなくなったのかな』と思っていたら（最大流量が旧操作の一〇〇〇トンから）三〇〇トンしか（現操作では）流してはいけなくなっていた」

そこで私が「旧操作の最大流量の一〇〇〇トンで流していれば、ダムが緊急放流をしなくて済んだ」と聞くと、こう答えた。「今本先生の話を聞いて、〝人工津波〟だったことを確信しました」（被災者）。〝人工津波〟の発生メカニズムは単純明快だ。「記録的豪雨予測時なのに中小洪水対象の現行操作規則に従って放水量を少な目にした結果、ダムが満杯状態になって緊急放流、〝人工津波〟を引き起こした」ということである。裏返して言えば、「安倍首相の陣頭指揮で大規模洪水対象の旧操作への変更をしていれば、放水量が多目になってダムは空に近づいて緊急放流は回避できた（人命が失われることはなかった）」となる。宴席参加で初動遅れの安倍首相は〝ダム緊急放流殺人犯〟の疑いがあると指摘するのは、このためだ。

W杯サッカーに例えれば、日本代表の監督とコーチの職務怠慢で歴史的惨敗を招いたような話になる。〈かつてない強敵との対戦を控えた前日、監督は宴会、コーチもカジノに出かけて作戦会議を開かず、それまでの弱小チーム用攻撃型作戦で臨んだ結果、前半で体力を使いきって後半に大量失点をして惨敗。強豪チーム用体力温存の守備型作戦なら十分に勝機があったことから「状況認識がまるで出来ない職務怠慢の監督（安倍首相）とコーチ（石井国交大臣）はクビだ！」という声がサッカーファンから噴出する事態となった〉。

なお二〇一八年九月三日に「公共事業チェック議連」の国会議員（立憲民主党三名、共産党二名）が現地視察をした際の意見交換会で、地元住民から「ダム下流域が浸水することが分かって大量放流をしたのなら、確信犯的な殺人やないか！」という声が飛び出してもいた。状況不相応な現行ダム操作規則に固執し、旧操作に戻して流水量を増やしてダムを空に近づけなかったことこそ、緊急放流による〝人工津波〟発生で「確信犯的な殺人」につながったと住民が怒りを露わにしたといえるのだ。

今本氏の独自試算は、ダム緊急放水で洪水被害を受けた岡山・広島・愛媛の被災者の声と一致していた。次のような〝人災説〟を、ダム下流の被害住民は口にしていたからだ。

「ダムの緊急放水があまりに急で、一気に水位が上がって車を高台に移動する時間すらなかった。もっと早めに緩やかに放流をしていれば、ピーク（最大）放水量は半分ぐらいで済んで、こんな大きな被害は出なかったはずだ。なぜ安倍首相は飲み会を欠席、緊急会議を開いてダム事前放流の指示をしなかったのか！」

岡山・広島・愛媛の「ダム放水量の推移（データ）」も、安倍首相と石井国交大臣の初動遅れが被害拡大を招いた可能性が高いことを物語っていた。いずれの県でも「事前放流をしてダムを出来るだけ空に近づける操作をせず、記録的豪雨でダムがすぐに満杯状態となり、決壊を避けるために一気に緊急放水をした」という共通点があったのだ。

3 「歴代自民党政権の人災」を直視しない橋下徹氏の「シビアな治水行政」

ダム最優先・堤防強化二の次の河川政策が招いた堤防決壊続出の台風19号被害

台風一九号上陸の翌二〇一九年一〇月一三日放送の「Mr．サンデー」で、維新創設者の橋下徹・

元大阪知事から暴言が飛び出した。長野市の「千曲川穂保地区」の堤防決壊現場の映像が流れた直後、橋下氏は「治水行政はかなりシビアな判断をやっている」「『都市化されている下流地域に被害が出ないように上流部であえて氾濫させる』という考え方がある」と述べ、下流域のために上流部での被害を容認するという主旨の差別的発言をしたのだ。

続いて、「河川の災害に詳しい、災害のスペシャリスト」(テロップ)という布村明彦・中央大学研究開発機構教授(元国交省近畿地方整備局長)が専門家としての見解を求められて「あそこ(堤防決壊地区の下流の狭窄部分)を開くと、(下流の)新潟の方まで水害、洪水が行くということがある」と解説。すると、我が意を得たと言わんばかりに橋下氏が「下流部の方が都市化が進んでいるので、そちらの方が経済的被害が大規模になる」と補足した。

正直言って唖然とした。「西日本豪雨による堤防決壊で五一名の死者を出した真備町の悲劇を忘れてしまったのか」と呆れると同時に、「政権補完勢力を続けてきた維新の創設者らしい発言」と納得もした。「ダム最優先・堤防強化二の次」の河川政策を続けた安倍政権(首相)の職務怠慢に目が向かないような役割を橋下氏が買って出たように見えたからだ。

千曲川の堤防決壊映像を見て私の脳裏に即座に蘇ったのは、治水行政に詳しい嘉田・前滋賀県知事が西日本豪雨災害直後に発した指摘だ。先述したように「西日本豪雨災害は歴代自民党政権の人災だ」と批判した理由を堤防補強の遅れと語っていたのだ。

しかし安倍政権(首相)は西日本豪雨災害の教訓を活かすことなく、再び同じ失敗を繰り返した。迅速かつ安価な強化工法まで提案をした嘉田氏ら河川災害のスペシャリストの指摘に耳を傾けず、全国の危険性の高い（ハイリスクな）堤防を早急に強化することを怠ったのだ。「国民の生命財産を守る」が口癖の安倍首相だが、実際には一年三カ月の猶予を最大限活用して各地で緊急堤防強化工事を進めることなく、長野県を含む七県七一河川で一三五カ所の堤防が決壊した台風一九号襲来を迎えてしまったのだ。安倍政権（首相）の職務怠慢が招いた「人災」であることは、西日本豪雨災害の教訓と並べ合わせると、一目瞭然なのだ。

西日本豪雨災害と同じ光景が広がっていた千曲川の穂保地区

死者八二人行方不明七一人の被害を出した台風一九号襲来から三日後の一〇月一五日、千曲川の堤防が決壊した長野市穂保地区を訪ねると、西日本豪雨災害で堤防が決壊した真備町と同じ光景が広がっていた。一階部分の壁が抜け去った二階建て家屋が何軒も立ち並び、庭にはガレキに埋もれた車や農機具も横たわり、周囲は泥でまみれていた。堤防決壊で津波のような濁流が一気に押し寄せた激しさを物語っていたのだ。

堤防脇の住宅も半壊状態。ようやく晴間が見える天候に回復したためか、長靴をはいた女性が家の周囲を見て回っていた。「ご自宅ですか？」と声をかけると、無言のまま小さく頷いた。そして何度も何度も自宅の周りを歩きながら、損壊具合を確認していた。

被災者にとっては、受け入れがたい現実に違いない。堤防が決壊した千曲川穂保地区が非常に危険（ハイリスク）であることは明白だったからだ。『ダムが国を滅ぼす』の著者で、現地視察をしたこともある今本博健京大名誉教授（河川工学・防災工学）は、次のように指摘した。
「（穂保地区の）下流の河道が狭まっていますので、せき上げにより水位が上昇して越水し、破堤に至った可能性が大です。堤防補強が完了していたようですが、補強のやり方がまずかったのでしょう。堤防の高さについての検討にも問題があったのではないでしょうか」。

堤防決壊の実態が浮き彫りになる。それは「下流の河道（川幅）が狭まる危険個所であったのに、堤防強化が不十分で決壊に至った」というものだ。まさに「人災」と言っても過言ではないだろう。医療事故に例えれば、重病患者が、病院経営優先のヤブ医者から即効性のある安価な治療薬を処方されず、「大手術を受けるしかない」と言われて順番待ちをしている間に亡くなったようなものだ。

こんな人命軽視のヤブ医者と二重写しになる安倍政権（首相）の責任追及が避けられない事態の中で、橋下氏はテレビ番組で「シビアな河川行政論」をぶち上げた。世間が驚く橋下氏の発言に対してネット上や一部のメディアが注目、話題となった。二〇一九年一〇月一七日の日刊ゲンダイは「橋下徹元大阪市長の発言が物議 身近に潜む〝差別治水〟の闇」という見出しで次のように報じた。

「（冒頭で紹介した）橋下氏の『氾濫』発言は視聴者にかなりの衝撃を与えたようだ。実際、ネット上には〈大阪府民の為に奈良県民は死んでもいいって事？〉〈そんな方法しかないの？？〉〈日本の闇〉などの疑問や驚きの声が続出」

橋下氏自身がどこまで意図したのか否かにかかわらず、一定程度、堤防強化を早急に行わなかった安倍政権（首相）の職務怠慢から世間の関心を逸らす働きをしたことは確実だろう。維新創設者として橋下氏がこれまで安倍政権を補完してきた過去の言動と重なり合うように見えるではないか。

先の今本氏は、千曲川堤防調査委員会の大塚抧委員長の発言に、こう反論した。

「鋼矢板補強についての質問に対し、委員長は『周辺地盤と馴染んでいないと効果を発揮しない』と答えていますが、国交省の言い訳をなぞっただけです。地震などによって、鋼矢板と既設堤防との間に空隙ができることを指しているようですが、たとえ空隙ができても鋼矢板は破堤を防ぎます」

そして今本氏は「委員長は河川工学者ではなく地盤工学者のような発言です。今回の調査委員会も、現地を見るだけで、自らは調査をせず、国交省の調査をもとに、国交省の見解を結論とすると思われます」と続けた。大塚氏は堤防決壊の原因調査はしても、事前に堤防強化がされなかった不作為（河川政策の優先順位逆転）にメスを入れる姿勢は皆無だった。歴代自民党政権下で国交省が続けてきた「ダム最優先・堤防強化二の次」の河川行政を問題視、転換を求めようとする意欲は伝わってこなかった。

今本氏は現役時代の災害調査で、被害者から「原因究明もいいが、二度と同じことが起こらないようにする研究もすべきだ」と言われたことがあるという。「それ以後はこのことを心がけています」（今本氏）。

しかし二〇一八年の西日本豪雨災害の教訓を安倍政権（首相）が活かさなかったのと同様、目の前で起きた堤防決壊の原因調査だけでは再発防止にはつながらない。堤防強化を早急に行わなかった職務怠慢の責任追及をした上で、再発防止のために河川行政の優先順位を変更、ダム建設を凍結してでも全国の堤防緊急点検と強化工事をすべきなのだ。

「Ｍｒ．サンデー」での橋下氏の問題発言は他にもあった。千曲川の堤防決壊と同じような情報開示不足の事例として、「緊急放流もそうですよ。ダムを決壊させないために緊急放流をさせて、下流を氾濫させることもあると」と述べてもいたのだ。しかし、これにも唖然とした。西日本豪雨災害の教訓を活かさなかった安倍政権（首相）の職務怠慢に触れないということでは、堤防強化未実施と同様、ダム緊急放流でも改善すべき問題点があったからだ。

西日本豪雨災害で愛媛県西予市の野村ダムでは、緊急放流で下流が氾濫して五名の住民が亡くなった。この被害が避けられなかったのかを検証したのが、先の今本氏。

二〇一八年一二月に愛媛県大洲市と松山市で開かれた西日本豪雨災害の検証集会で、人災濃厚と結論づける独自試算を次のように発表したのだ。「（愛媛県西予市の野村ダムが）中小洪水対応の現在のダム操作ではなく大規模洪水対応の旧操作であれば、異常放流をしなくて済み、野村ダム下流での人的被害（死者五名）は避けられた」

そして今本氏は緊急放流による被害の再発防止策も提案していた。

「今回の西日本豪雨で、ダムが緊急放流をしたことで下流域が浸水、多数の死者を出しました。国交省は『ルール通りに操作をした』と説明していますが、早急に全国各地のダムを一斉点検し、ルールを変える必要があります。

多くのダムは二〇〇年に一回の洪水を想定して設計されていますが、それ以下の『想定内』の雨量でも、満杯になりそうな場合、緊急放流をするルールになっています。

しかし越水（ダム湖の水を溢れさせる）で対応をすれば、緊急放流をするとしても、放流量は現在の緊急放流よりゆるやかになります。もし越水で壊れる恐れのある危険なダムは、想定外の豪雨では緊急放流しても越水に至る場合はありますから、現時点で撤去すべきです。

その一方、越水に耐えうるダムは『緊急放流はしない』というルールに変えることで、今回のような被害を避けられます」（今本氏）。

しかし安倍政権は緊急放流で死者が出てから一年以上も経つのに、全国各地のダムの一斉点検と〝越水型〟緊急放流へのルール変更をしていないのだ。しかも、超大型の台風一九号襲来が予測されたのに、予めダムを空にしておく事前放流の指示が発せられることもなかった。危険個所の堤防強化を怠ったことと同様、これも西日本豪雨災害の教訓を活かしていない安倍政権の職務怠慢事例といえるのに、橋下氏はダム緊急放流についても情報開示不足事例と紹介するだけだった。

政権批判を回避しながら物事を語るのが橋下氏の弁論術のようにも見えるが、問題の本質にメスを入れないようでは「ダム最優先・堤防強化二の次」の河川政策を転換、気候変動時代に対応可能な安価で迅速な水害防止策を打ち立てることは困難だろう。国会審議で、安倍政権（首相）の職務怠慢がどこまで追及されるのかが注目される。

4　アベ土建政治の象徴「石木ダム」（長崎県）

小泉進次郎環境大臣抜擢による〝目くらまし効果〟で内閣支持率がアップした第四次安倍改造内閣

だが、二〇一九年一〇月四日スタートの臨時国会で加計疑惑にまみれた萩生田光一文科大臣と共に野党の追及を受けそうなのが北村誠吾地方創生担当大臣（長崎四区）。新内閣発足直後の九月一四日の記者会見で、自らの選挙区内の「石木ダム」（長崎県佐世保市川棚町）について「みんなが困らないように生活するためには、誰かが犠牲（になり）、協力して役に立つという精神で世の中は成り立っている」と発言。反対を続けて立ち退きに応じない地権者が犠牲になるべきというダム建設推進論をぶち上げたのだ。

これを「ダム建設『誰かが犠牲に』 北村地方創生相」（九月一四日の日本経済新聞）、「北村地方創生相 ダム建設『誰かが犠牲に、という積極的なボランティア精神で』」（九月一四日の毎日新聞）など大手新聞が一斉に報道すると、地権者は「住民の理解を得たいと言いながら、強制的に土地を奪おうとしている。これは人道上の問題だ」（炭谷潤一さん）などと反発。知事時代に県内のダム見直しをした前滋賀県知事の嘉田参院議員も「北村誠吾新『地方創生大臣』は『地方破壊大臣』か？」（九月一六日のフェイスブック）と批判、翌九月一七日の「公共事業チェック議員の会」総会でも、ヒアリングを受けていた国交省や厚労省の官僚に「これだけ財政難で少子化の時代に国はどういう国政をしたいのか。未来の子供達に説明できるのか。公僕としての誠意を示していただきたい」と強調、国費一四七億円を投入する「石木ダム建設計画」（総事業費五三八億円）の検証と見直しを求めた。

石木ダムは利水と治水が目的の多目的ダムだが、かつては渇水に悩まされた佐世保市の水需要は右肩下がりとなり、治水も堤防強化などで代替可能であることから、地権者に犠牲を強いるほどの必要性に欠けると疑問視されているのだ。

今本名誉教授（河川工学・防災工学）もこの総会に参加、「石木ダムは要らない」と銘打ったレジメを元に解説。最後に「石木ダムは必要性に疑問がある。ダム案と代替案を比較する時に杜撰な検討をしている。代替案の中に必要のない事業が含まれていて水増しされており、精査すれば、ダム案より安くなって逆転するだろう」と総括的な指摘をした。きちんとした見直しをすれば、石木ダム建設の正当性（公共性）は消え去る可能性が高いというのだ。

国会議員や専門家から疑問が噴出した二日後の二〇一九年九月一九日、水没予定地の地権者の約五〇人が中村法道・長崎県知事と県庁で面会をした。土地の明け渡しを求める採決を長崎県収用委員会が五月に出した結果、翌日（九月二〇日）になると所有権が国に移ることになっていた前日に五年ぶりの知事面会が実現したが、そこで地権者が目の当たりにしたのはダム建設ありきの冷徹非情な姿勢だった。

最初に故郷への思いを語った地権者は松本好央さん（四四）。「生まれ育ったこの土地に住み続けることは悪いことなのでしょうか。私たちは何も悪いことはしていません。この先もずっと住み続けていきます」という決意表明をすると、娘の高校二年生の松本晏奈さんが「思い出が詰まった古里を奪われるのは絶対に嫌です。どうか私たちの思いを受け取ってください」と綴った手紙を涙ながらに読み上げていった。

続いてマイクを握った炭谷潤一さん（三八）が「私は、私の家族と川原《こうばる》の人と川原というコミュニティを全力で守ります。住民の理解を得たいと言いながら、強制的に土地を奪おうとしている。これは人道上の問題だ」と訴えた。続いて隣に座っていた小学三年生の沙桜さんも手紙を開いた途端、涙を抑えきれずに途切れ途切れになりながらも「私は川原が大好きです」「ダムを作らないで下さい」という故郷への思いを涙声で絞り出した。

すると、最年長九二歳の松本マツさんも「川原のきれいな住みよかところに、なんでダムのできるとかな」「この年になって、どこへ出て行けと言うのですか」と訴えた。

約二時間半にも及んだ面会は地権者が起立して頭を下げて陳情する場面で終わったが、それでも中村知事の石木ダム推進の考えに変わりはなかった。

面談中も石木ダム建設の必要性を何度も繰り返した中村知事は、面談後の囲み取材で「(ダム)事業全体を進めて行く必要があることを改めて感じた」と言い切ったのだ。

そして「事業全体の見直しは難しいと考えているのか」という質問に対しても、中村知事は次のような否定的な回答をするだけだった。

「検証を重ねて『これが最良の方策である』という考え方の下、これまで進んできた経過があるわけですので、代替措置が新たに可能性のある話として出てくることになれば、また検討を進める必要があると思いますが、現状ではやはり今の方針の下で進まざるを得ないではなかろうかと思っていいます」

そこで私は「鳥取県では恣意的な計画、データでダムありきになっていたが、見直しをする考えはないのか。子供達の訴えを聞いても考えを変えないということか」と質問すると、中村知事はこう答えた。

「『ダム案と他の代替案の事業費を比較して、意図的に代替案の事業費が大きくなっていた』といったような点については、本県の場合には度重ねて検証作業を進めて来ているわけで、そういったことはない」

納得がいかなかったので再質問、次のような質疑応答となった。

――子供達の訴えについて一言お願いします。

中村知事　子供さんたちの故郷に対する思いを直接聞かせていただきました。そうした思いというのは大切にしなければいけないと先ほど申し上げた通りであります。

――（子供たちの訴えを）受止めて何かアクションを起こさないのか。今までの方針を変えないのか。

中村知事　先ほど申し上げた通りであります。

――右から左へ聞き流すということか。

中村知事　（無言）

司会者　これで終了します。

冷徹非情な対応とはこのことではないか。小学生から九二歳の高齢者に至るまでの各年代の地権者が故郷への思いを訴えても、中村知事は面会前と同じダム推進論を繰り返しただけであったからだ。

「土着権力の研究・長崎県自民党県連」（二〇一六年二月号の「選択」）を書いた時の取材協力者は「石木ダム建設計画は金子家の〝家業〟といえる」と話す。石木ダム計画は、自民党参院議員の金子原二郎・前長崎県知事（一九九八年～二〇一〇年）と、父親の金子岩三・元農水大臣の親子の足取りと重なり合うからだ。

中選挙区時代に長崎は、県庁所在地の長崎市（人口一九万人）などから成る「旧長崎一区」と、人口二番目の佐世保市（人口約一〇万人）や川棚町を含む「旧長崎二区」に分かれていたが、ここで岩三氏が九期連続当選（一九五八年から八三年の二五年間）。ダム計画浮上の六二年は二期目、事業採択の七五年は六期目、そして県が測量段階で機動隊を入れた八二年は九期目だった。当初から水没予定地の農家（地権者）が「農業を続けたい」と激しい反対運動を展開、現在に至っているためだ。

「岩三氏は選挙区内のダム計画に賛成でしたが、当時、佐世保市は慢性的な水不足で、推進の正当性はあった。しかし反対運動で計画が遅れる中、川からの取水などで水の供給能力が向上する一方、工場誘致失敗や人口減少や節水で水需要が右肩下がりになった。その結果、農家の土地を強制収用してダム計画を進める必要性・公共性はほとんどなくなった」（県政ウォッチャー）

ちなみに息子の原二郎氏が旧長崎二区の地盤を父親から引き継いで初当選したのが一九九三年。その翌年の全国的な大渇水を最後に、深刻な渇水は二〇年以上起きていない。高度成長時代から人口減少時代に突入する時の流れと共に、佐世保市の慢性的な水不足は解消、利水目的のダム建設の必要性が消え去ってしまったのだ。

途中から目的に「治水」と「流量確保」が加わったのは、利水目的に代わって必要性を下支えする狙いは明らかだったが、これも小規模な堤防強化などで対応可能。先の今本名誉教授らダム問題の専門家は、「多目的ダムになってもダム建設の必要性は乏しい」と断言する。

しかし衆院議員から転身した金子前知事も、後任の中村法道知事も自民党長崎県連と共に、時代遅れとなった石木ダムを推進し続けた。なお民主党が長崎県内の四小選挙区を独占していた二〇一〇年に初当選した中村知事は、原二郎氏から知事ポストを禅譲された形で、石木ダム推進の政策も引き継いだ。先の取材協力者の県政ウォッチャーはこう続けた。

「父親の金子岩蔵氏の時代に石木ダム計画が事業化して予算がつき、息子の金子知事時代に進んだ。石木ダム事業は金子家の成果といえるので、それを完成することが親孝行と思っているのではないか。参院議員になった今も金子氏は知事ポストを禅譲した中村知事はもちろん、長崎県政に影響力を持っていると聞いています。金子前知事が父親の思いを引継いで推進してきた石木ダム計画に対して、中村知事が見直しを言い出せないのはこうした長崎県政の長い経緯があるためです」

「コンクリートから人へ」を掲げた民主党政権から二〇一二年一二月に政権奪取をした第二次安倍政権は「国土強靭化」を旗印にしながら、「人からコンクリートへ」の土建政治（公共事業推進）を復活させたが、その象徴的な事業が石木ダム計画といえる。そして北村大臣の犠牲発言を機にクローズアップされることになった。しかし約五三八億円を投じて美しい棚田の景観を破壊する石木ダム建設に対しては、坂本龍一氏や伊勢谷友介氏ら著名人も反対している。安倍政権の土建政治体質を問う事業として野党が石木ダム計画を国会で取り上げる可能性は十分にあるのだ。

「建設業界第一・国民二の次」のアベ土建政治の象徴「石木ダム」

安倍政権（首相）は「建設業界第一・国民二の次」の土建政治に邁進していると実感したのは、二〇一九年一一月一七日。石木ダム予定地の長崎県川棚町で開催された全国集会で、ダム問題に取組む「水源開発問題連絡会（水源連）」の嶋津暉之共同代表の講演を聞いた時のことだ。嶋津氏は石木ダムの治水効果が及ぶのは流域の一割以下にすぎず、利水も人口減で需要減少であることから「治水と利水の両面でダムは不要」と断言。と同時に、ダム建設効果が及ばない水害危険地区をピックアップして、堤防嵩上げなどの緊急対策を実施すべきと訴えたのだ。

「大雨が降れば、石木ダムがあっても氾濫をする。流域住民の生命と財産を本当に守ることが出来る事業が求められている。石木ダムを作っている場合ではない」（嶋津氏）

「本末転倒」とはこのことだ。効果が極めて限定的なダム建設を優先し、九割以上の流域住民の生命財産を守る堤防強化などの緊急対策が二の次になっているというのだ。

「国民の生命財産を守る」が口癖の安倍首相だが、実際は「自民党応援団の建設業界の利益最優先・国民の安全は二の次」が実態といえるのだ。

これに対して立憲民主党の枝野代表は、台風一九号の被災地を回りながら、地方分権型防災政策への転換を呼びかけている。二〇一九年一〇月二〇日には堤防決壊で大きな被害を出した宮城県大郷町を視察。「矢板（鋼鉄板）を打ち込むなど堤防強化をして欲しいと国交省や自民党などに要請したのに、実現しないうちに堤防が決壊してしまった！」と話す田中学町長から聞き取りをしたのだ。

そして視察最後の囲み取材で枝野氏は、次のように訴えた。

「地域の声、地元の皆様が長年にわたって、どこがどう弱い、どういう時に災害が起きるのかということについてはいろいろな蓄積があるので、それをしっかりと受け止めた形で復旧・補強をしていかないとならない。そういった意味での本当の分権化。予算は国が出していかないと出来ないが、知恵やアイデアは地域の声を受け止めていくことが重要」

地域住民の声に基づく「分権型河川政策（枝野氏提唱）」と、民意無視の「中央主導型ダム最優先・堤防強化二の次の河川政策（安倍政権にまで至る歴代自民党が踏襲）」の違いが鮮明になっていく。どちらが国民の生命財産を守るのに有効なのかは言うまでもないだろう。

高知県知事選の二〇一九年一一月二一日の応援演説でも枝野氏はこう訴えた。

「今年もこの秋、相次ぐ台風などの水害災害がありました。私も被災地何カ所も回らせていただきました。水害の地域、ほとんど共通をして同じことを聞きました。大きな川に合流していく小さな支流のところで、ほとんどの水害が起きている。そして、地元で話を伺うと、『もう一〇年前から二〇年前から、いや三〇年前から』と地域によってはそんな声を聞きます。地元では『ここが危ないのだ。ここさえ補強してくれれば相当安心できるのだ』とずっと言って来たのになぜか（堤防強化などの河川整備が）残されてきた。何でこんなことが起きるのか。東京の方を向いて政治をやっているからです。地域の暮らしの声を聞いていないから、こんなことになるのです」

「ダム最優先・堤防強化二の次」の河川政策と決別をする「民意重視の分権型河川政策」は、野党共闘（選挙協力）の主要政策の一つになりうる。政権交代に向けて山本太郎・れいわ新選組代表が提唱する「消費税五％減税」の旗印と同じような効果が期待できるというわけだ。

「コンクリートから人へ」を掲げた民主党政権から二〇一二年一二月に政権奪取をした第二次安倍政権は「ダム最優先・堤防強化二の次」の河川政策を踏襲、「人からコンクリートへ」の土建政治も復活させた。

その象徴が、北村大臣発言で注目された石木ダム建設であり、国民の生命財産よりも自民党応援団の建設業界を重んじる〝アベ友優遇政治〟の一つといえるのだ。野党が旧態依然とした河川政策をどう追及していくのかが注目される。

第7章　「桜を見る会」の選挙民買収疑惑

1　総理大臣は公金で地元選挙対策をしてもお咎めなしか⁉

「総理大臣ならば、公金を使って地元有権者に供応接待（買収）をしても許されるのか」

「犯罪者にしか見えない安倍首相の居座りは、日本が法治国家ではない証ではないか」

こんな疑問を国民に抱かせる「桜を見る会」問題が核心に迫りつつあった。追及本部の野党議員一〇名は二〇一九年一二月一日と二日、安倍首相（山口四区）の地元下関を視察。下関市民や地方議員（山口県議や下関市議）からヒアリングを行い、選挙で汗をかいてきた功労者が優先的に招待されている実態をつかんだのだ。「自治会やＰＴＡの皆さんを呼んでいる」という総理答弁を一刀両断にしたのは、資料請求直後に招待者名簿を破棄された宮本徹衆院議員（共産党）。最後の囲み取材で「税金で後援会活動をしていたことが明らかになった」と強調、こう説明した。

「一般的に功労功績があった自治会やＰＴＡ役員を呼んでいるのではなく、『安倍さんを応援している自治会の役員さんには声がかかるが、応援をしていない人には声がかかっていない』という証言がいくつも得られた。総理答弁は虚偽答弁ではないか。このことが今回の視察で明らかになったことの一つだ」

「追及チーム　下関・山口ルート班」キャップの柚木道義衆院議員（立民会派）も、「安倍後援会の方ですら『選挙利用だと思われても仕方がない』と言っている」という証言を紹介しながら、「安倍総理の安倍総理による安倍総理のための桜を見る会だった」と断言した。

視察議員はヒアリングを通して、首相の元秘書で安倍派市議でもあった前田晋太郎市長が初当選した「下関市長選（二〇一七年三月一二日投開票）」に注目していた。というのは、この地では安倍首相と林芳正・元農水大臣（参院議員）が父親の代からライバル関係にあり、長年にわたって下関市長選は両者の代理戦争のような様相も呈していたからだ。両派の市長が交互に当選するというシーソーゲームが繰り返されてきたのだ。

江島　潔　市長（一九九五年〜二〇〇九年）安倍派
中尾　昭友市長（二〇〇九年〜二〇一七年）林派
前田晋太郎市長（二〇一七年〜現在）　安倍派

安倍首相の選挙区（山口四区）は下関市（人口約二六万人）と長門市（約三万人）から成る。九割弱の有権者を抱える下関市トップが安倍派となることは、自らの衆院選挙でプラスであることは言うまでもない。

また市政への影響力が増す効果も期待できる。現・参院議員の江島市長時代には、神戸製鋼所などの安倍首相関連企業が地元大型案件を相次いで受注して談合疑惑も浮上、「桜を見る会」に招待されない田辺よし子・下関市議（無所属）らが追及してきた。その結果、安倍派市長による〝アベ友優遇政治〟への反発が強まり、江島氏は不出馬に追い込まれた。そして二〇〇九年の下関市長選では、安倍派県議だった新人候補を林派の中尾前市長が破り、安倍派市長による市政にピリオドを打ったのだ。

そして二〇一三年に再び安倍派候補を破った中尾氏だったが、三選を目指す二〇一七年の下関市長選では、安倍首相が全面的に支援した前田氏に僅差で敗北した。林派の中尾氏を支援した田辺市議は「最後で逆転されましたが、昭恵夫人も現地入りをしてテコ入れ、安倍派と林派に割れた公明党市議を説得に回ったと聞きました」と振り返るが、安倍首相が夫婦で〝全力投球〟をしたようにみえる二〇一七年の下関市長選で安倍派市長が誕生し、市長ポストを林派から八年ぶりに奪還したのだ。地元での天下分け目の決戦時期と、「桜を見る会」の参加者と支出増加の推移を重ね合わせると、下関市長選で汗をかいた支援者へのご褒美（プレゼント）が公的行事招待という関連性が浮彫りになるのだ。

	支出額（万円）	参加者数
○二〇一四年	三〇〇五・三	約一三七〇〇
○二〇一五年	三八四一・七	約一四七〇〇
○二〇一六年	四六三九・一	約一六〇〇〇
◎二〇一七年	四七二五・〇	約一六五〇〇
二〇一八年	五二二九・〇	約一七五〇〇
二〇一九年	五五一八・七	約一八二〇〇

二〇一四年から二〇一六年の三年間の参加者増加（「〇印」）は、二〇一七年三月の下関市長選で汗をかいてもらうための準備段階での供応（事前買収）という意味合いが込められ、二〇一七年（下関

市長選の翌四月）（「◎印」）から二〇一九年までは前田市長誕生への論功行賞的な供応（事後買収）という主旨のように見えるのだ。もちろん後者は、二〇二一年の下関市長選再選に向けた供応という効果も併せ持つ。多くの国民の目には「選挙で実働部隊になる支援者への供応」と映るだろうし、「選挙民への買収を禁じる公職選挙法違反の疑いは濃厚」と捉えるに違いない。こうした疑問が現実と合致するのか否かを判断するには、名簿を公開するの一番だが、安倍政権（首相）は「破棄した」と言い続けている。

2 公職選挙法違反の疑い

誰もがこう勘繰りたくなる。「名簿を公開すれば、参加者増のかなりの部分が安倍首相が関係する選挙で汗をかく支援者であることが明らかになり、公選法違反を裏付ける動かぬ証拠になるからではないか」。下関市長選では市議も安倍派と林派に分かれて戦ったが、安倍派市議への論功行賞という見方と合致する記事も出ていた。二〇一九年一一月一九日付の毎日新聞は「桜を見る会　下関市議枠安倍事務所から申込書」と銘打った記事を一面トップで、両派の差別的対応をこう報じていた。

「首相の地元・山口県下関市の複数の自民系市議が、安倍事務所名の参加申込書で自身の支援者を招待していたことが一八日に判明した。複数の自民系市議が証言した。市議らによると、申込書は何枚でもコピーでき安倍事務所から上限は示されていなかった」「一方、共産や公明など非自民の複数の市議は『用紙をもらったことがない』と話す。野党の市議は『自民が公的行事を支持固めに使っている』と批判した」。

ただし申込書が回って来なかった林派市議の中にも、安倍派市議に頼んで申込書を回してもらい、参加した人はいたという。林派市議の参加者はゼロではなかったが、安倍派との違いは歴然としていたのだ。

下関視察に参加した杉尾秀哉参院議員（立憲民主党）は、下関市長選について次のような説明をした。

「自民党の中でも分断みたいなものがあって、そのきっかけになったのが（二〇一七年の）市長選挙。『林派と安倍派が戦って安倍派が勝ってエスカレートしたのではないか。それが桜を見る会への人数拡大にもつながった』と（聞いた）」

「桜を見る会」の〝招かれざる客〟である田辺氏は、視察議員と意見交換で同じような見方をしていた。「『桜を見る会』への招待は、二〇一七年の下関市長選への論考褒賞であると同時に、次期下関市長選（二〇二一年三月）での前田市長再選に向けた支持固めや新たな支援者拡大の狙いもあると見ています」

下関視察の野党議員たちは「安倍首相の逃切りは許さない」と強調、二〇二〇年の通常国会での追及に照準を合わせていた。先の宮本氏は「安倍首相は予算委員会の審議にも応じない。やっぱり隠したくて仕方がないのだと感じているが、国会閉会で逃げ切りを許さずに徹底的に調査、追及をしていきたい」と意気込んでいたのだ。

第8章　政権交代への道と山本太郎れいわ新選組代表

1　民主党政権誕生前夜のような熱気⁉

れいわ新選組・山本太郎代表が北海道遊説で消費税廃止を訴え

結党三カ月目の参院選で二議席獲得をして躍進、一気にメディア登場回数が増えたれいわ新選組の山本太郎代表が「れいわが始まる」と銘打った全国ツアーを二〇一九年九月に始めた。第一弾は北海道で、九月一八日に利尻島でのポスター貼りを皮切りに稚内と釧路と根室を回った後、九月二四日には札幌駅南口で、参加者の質問に答えていく「街頭記者会見」を開いた。札幌市在住の立憲民主党支持者のSさんは約一〇〇〇人にも及ぶ聴衆の多さに圧倒された。

「民主党政権が誕生する直前、同じ札幌駅南口で長妻昭・元厚生大臣ら民主党大物議員が街宣をしましたが、その時に匹敵する人が集まり、政権交代前夜のような熱い雰囲気も同じでした」（Sさん）。

当時、民主党が掲げたのが政権交代後に実行する主要政策を列挙したマニュフェストだったが、北海道から全国ツアーを始めた山本氏が安倍政権打倒の旗印に掲げたのは、五％への消費税減税。「野党が五％への減税でまとまって総選挙を戦えば、政権交代できるとは思いませんか」と訴えたのだ。

「参加者の質問に分かりやすく、データを示しながら答える発信力は小泉進次郎環境大臣以上」と先のSさんは絶賛していたが、実際、「言語明瞭、内容不明瞭」「ポエム」などとボロが出て酷評されている小泉進次郎・環境大臣とは違って、山本氏はデータを元に政策を分かりやすく解説。札幌でも消費税に関する質問を受けると、設置されたモニター画面に消費税を廃止したマレーシアの経済指標を示しながら、消費活性化効果を示した後、「マレーシアにできた消費税廃止が、日本でできないはずがない！」と結論づけた。

裏づけとなるマレーシアの関連データも、山本氏は次々とモニター画面に示していった。立憲民主党の中谷一馬衆院議員から誘われて同行したマレーシア視察（八月二六日から二八日）で山本氏が注目したのは、マハティール首相が消費税廃止を掲げて政権交代を果たしたマレーシアで、二〇一九年第二・四半期の実質国内生産（GDP）が前年比で四・九％上昇したことだった。これに比べて日本は一・二％増にとどまり、同時期の個人消費でもマレーシアが七・八％増に対し日本が〇・七％に低迷していたのだ。

山本氏は消費税廃止による経済効果を示した後、残った課題についても説明した。マレーシアでは消費税廃止による税収減を埋め合わせようとして、高級品購入に対してかかる間接税（SST）を復活させたが、補填しきれていないため所得税強化を検討していることも山本氏は合わせて解説。そして消費税廃止後の消費の推移をグラフで示し、こう結論づけた。

「消費税廃止で増えた消費は、（高級品にかかる）間接税復活で減りますが、再び上昇に転じました。注目して欲しいのは、間接税復活で減った消費額が消費税廃止前よりも大きいこと。消費を増やす効果はあったということです。そして再び、消費増に転じている。税収減は所得税アップや、こうして消費が増えたことによる税収増で埋めることができるでしょう」（山本氏）。

消費税廃止による税収減を全て補填できていないものの、消費活性化効果は確実に現れて、新たな所得税強化や将来的な消費増による税収増で埋め合わせることは可能であるとして、マレーシアの消費税廃止を評価しているのだ。

山本氏はれいわ新選組の目玉政策を熱っぽく語ると同時に、現実論も口にした。

「消費税廃止にすることができるのは『れいわ新選組で政権取れるまで待つのかよ』という話です。それでも、消費税を廃止することを目標にもって、まず少なくとも減税を目指していくのが大事ではないでしょうか。野党が五％に減税するでまとまって、選挙を戦えば政権交代できると思いませんか」と強調。野党は連携して次期総選挙で安倍政権を打倒しようと呼びかけたのだ。

マレーシアで課題になっている代替税収についても、山本氏は説明した。最高税率が七五％から四五％にまで引き下げられた「所得税」と同じく、引き下げられてきた「法人税」の課税強化で、消費税廃止分の税収は確保できると訴えたのだ。「借金が増えて財政破綻してしまうのではないか」という不安を払拭しようとしたともいえる。

安倍政権の嫌韓強硬外交を痛烈批判！

翌九月二五日一八時半からの旭川駅前での街頭記者会見は、気温が一〇度を下回っていたが、約四〇〇人もの聴衆が集まって熱気に満ち溢れていた。札幌に続いて旭川でも山本氏はマレーシア視察と消費税廃止のメリットを説明。消費税五％減税を野党共通政策にすることで早期政権交代を目指そうと訴えると、前日と同じような大きな拍手と歓声が沸き起こった。

北海道が直面する深刻な問題についても山本氏は、具体的な解決策を示した。二〇一九年四月の北海道知事選でも三大争点の一つとなった「JR北海道の廃線問題」のことだ。旭川での街宣の冒頭で、儲かっているJR東海などの本州三社（他にはJR東日本とJR西日本）の利益を一部北海道に回すべきだと訴えたのだ。JR北海道の赤字問題に詳しい道庁関係者は、山本氏の問題提起を高く評価した。

「JRが分割民営化された時のスキームは、利益を出せる本州三社に重い債務を背負わせる一方で、赤字確実なJR北海道とJR九州とJR四国には基金を積んで利息で赤字を補塡するものでした。しかし、その後の想定外の記録的な低金利で本州三社の債務が軽くなる一方、JR北海道は基金の利息が激減して経営危機に陥り、赤字路線の廃線に追い込まれていった。分割民営化当時に遡って、根本的に見直す必要がある」

また札幌での囲み取材では、日韓関係悪化についての質問に対して「北海道でも韓国人観光客が激減していると何度も聞いた。観光業者に被害が出ている。対韓強硬外交で何を獲得しようとしているのか全く分からない」と答えた。嫌韓報道が溢れ返っても山本氏は、安倍政権の対韓強硬外交を「小学生高学年並み」「ナショナリズムを煽って国政のボロを隠すもの」「国益を損ねるもの」と一貫して批判してきたが、北海道でもその姿勢が揺らぐことはなく、観光業者が売上減で苦しむ声を聞いて自らの主張に自信を深めたかのような話しぶりだった。

地域を回って一方的な発信をするだけでなく、その地域の抱える課題や問題に耳を傾けながら、解決策を示していくのもれいわ新選組のスタイルといえるものだ。

れいわ新選組の支持拡大と政権交代への期待感

街頭記者会見は、支持拡大（支援者確保）にも確実に結びついていた。旭川での約二時間の街宣を終えた山本氏がツーショット写真撮影の希望者を募ると、すぐに長蛇の列ができた。ポスター提供とカンパ募集とボランティア登録ができるコーナーもすぐ近くに併設、多くの人たちが集まっていた。

最後の一人とのツーショット撮影を終えた山本氏の囲み取材が始まったのは、開始から二時間半以上も経った二一時すぎだった。手がかじかむほどの寒さの中、山本氏は「（野党連携について）『消費税五％減税を旗印にすれば、次期衆院選挙で政権交代は可能』と話す野党議員が増えています」と自信たっぷりに語った。と同時に、五％減税で野党がまとまれなかった場合に備えて、「れいわ単独で一〇〇人擁立」の旗も降ろしてはいない。必要な選挙資金は二〇億円と想定。「現時点ではそれほど集まっていませんが、解散風が吹いて来れば、参院選の時と同じように集まってくるでしょう」。

参院選中の熱気を北海道で再び蘇らせたれいわ新選組は、消費増税が始まった二〇一九年一〇月一日には新宿で増税にテーマを絞った街頭記者会見を開いて、一〇％へのアップで苦しむ人たちの生の声を紹介した。と同時に、消費税が法人税減税の財源になっている現実を年度別推移のデータで示し、所得税の累進性強化の必要性を実感できるグラフも映し出した。消費税増税が大企業や富裕層のためであったことを可視化し、消費税廃止や減税の合理性をアピールしてもいたのだ。

「消費税五％減税」を旗印にして野党結集しようという気運は確実に高まっている。れいわ新選組は安倍政権打倒の斬り込み隊長役のような存在となったといえるのだ。

2 山本太郎代表の全国ツアー（第二弾の九州）と玉木雄一郎代表との意気投合

〝れいわ旋風〟が永田町にも吹き荒れ始めた。九月の北海道ツアーに続いて第二弾の九州（二〇一九年一〇月一五日〜二八日）でも山本代表が「消費税五％減税」を旗印にした野党結集・政権交代を訴えると、どの地区でも聴衆から大きな拍手が沸き起こった。その直後の一〇月三〇日には、同じ考えの馬淵澄夫・元国交大臣と超党派勉強会「減税研究会」を設立、初回会合に二二名が参加した。そして翌一〇月三一日には国民民主党の玉木雄一郎代表とネット番組「たまきちゃねる」で対談、消費税五％減税を含む経済政策全般で意気投合したのだ。

すでに共産党の志位和夫委員長とは二〇一九年九月一二日の党首会談で消費税廃止を目標にすることで一致。旗印の「五％減税」についても「選択肢の一つ」（志位氏）と賛同を得ていたが、玉木氏との〝ネット党首会談〟でも両者は意気投合、共産党に続いて国民民主党とも実質的な基本合意に至ったに等しいのだ。野党第一党の立憲民主党の対応が注目されるが、「五％減税」旗印の野党結集までもう一段階というところまでステップアップしたといえるのだ。

野党結集（ひいては政権交代）の気運を確実に高めた対談（配信は一一月二日）は、両者が意気投合する場面の連続だった。番組冒頭で玉木氏は、米国ファッション雑誌GQの日本語版「GQ　JAPAN」に続いて、「特集：山本太郎現象」と銘打った「ニューズウィーク日本語版」一一月五日号（一〇月二九日発売）でも山本氏が表紙を飾ったことに触れ、「社会現象になっている」と切り出した。そして街宣（街頭記者会見）をネット上で見ているとも言いつつ、そこで繰り返している山本氏の主張に次々と賛同していったのだ。

消費税五％減税を旗印に野党合意をすることについては、山本氏の「国民民主党より立憲民主党の方がハードルが高いなと思っています」との発言を受けて玉木氏は「消費税減税はありうると思っている」と自らの立場を明らかにした上で、次のように語った。

「『GDPの六割を占める消費をいかに回すのか』ということにあらゆる経済資源を投入しないと経済成長はありえないと思う。好循環を作らないといけない。今までの経済政策は、好循環のスタート地点を大企業に置いていたのです。大企業が良くなれば、賃金が上がって労働者も取引先も中小企業も地方も良くなる。大企業中心で好循環を作り出そうというのが今までの経済政策だった。民主党政権もそうですよ。これがもう回らなくなっていることはアベノミクスが証明してくれたので、これから好循環を作るスタートを消費、家計にするのです。家計をとにかく豊かにして、可処分所得をちょっとでも増やして、消費を軸とした好循環を作ることしか、経済は持続的に成長しない。これは確信をしている」

これに山本氏が「間違いないです」と相槌を打つと、玉木氏はこう続けた。

「消費を助けることはとにかく徹底的にやる。消費にマイナスになることは徹底的に止める。これが大きな経済の柱になると思う」「こうなったら消費税の減税を大胆に打ち出すべきだし、現に二〇〇八年、二〇〇九年のリーマンショックの時はイギリスは一七・五％あった消費税率を一五・〇％に、二・五％下げたのです。消費を縮ませてはいけないし、低所得者、中所得者に影響を与える。そこは大胆に減税をやるべきではないかということを私は申し上げているので、それは、山本太郎さんもいろいろ街頭で訴えられていることと重なるところが結構多いと思うので、私はそこは柔軟なのです」

街頭記者会見で消費税廃止や減税を訴えている山本氏は即座に賛同した。

「そこはすごく重要で『一回決めたから、これは変えられない』ということになってしまったら、これは昔の日本政府と同じではないかと。間違った方向に行っていたとしても行くしかないとなってしまったら、それで傷つくのは誰かと言うと、その国にいる人々で、だから途中で状況が変化したり、間違いがあったことを分かったならば、それを認めて、やはり変化させていくことを問うことが非常に重要だと思う」

減税で一致したことを確認した玉木氏は、山本氏のもう一つの〝定番ネタ〟も紹介、賛同していることを伝えた。「よく街頭演説で仰っているのはこの間、平成の時代に消費税が何回か上げましたけれども、結局、消費税で上げた分、法人税と所得税を減税して、『行って来い』になっていて、税収が増えたのかというと、トータルで見ると、内訳が変わっているだけで、全体としての税収は変わっていないのではないかということをよく仰っている」。

これに山本氏が「結局、消費税を上げて税収を減らしてどうするのかということです。一方で、法人税、所得税を減税してしまっているから、結局、ほとんど増えていないという状況なわけですよね」と補足説明をすると、玉木氏も「そこをガラリと変えていかないといけないのではないかというふうに思っているのですよ」と呼応した。

一方、玉木氏提案の子供国債については山本氏が「感動しました」「無茶苦茶賛成です」「一番経済に寄与するじゃないですか」と高く評価した。経済政策に関する意見交換で一致したことを受けて玉木氏がこう締め括った。「（子供国債発行などで）こういう好循環を家計を軸にして、しっかり作っていく政策に変えていく。その中の一つの政策として消費税負担を下げるのは、私は大きな経済政策の中で非常に合理的にはめ込めると思うのです」。

この〝減税賛同宣言〟に、山本氏は驚きと期待感が込めてこう答えた。

「いやー、他の野党も反応してくれたらいいのだけれども。皆さん、国民民主党の党首はここまで言っていますよ」「素晴らしいですよ、本当に」。

すると、両党首は今後の連携でも意気投合。玉木氏が「何か協力してやれるところがあったら、いくらでも一緒にやったらいいし、多分重なって言っていることが多いので、どこかで一緒にやってもいいかも知れません」と合同街宣を打診すると、山本氏も「どんどん国会議員も街に出て、こういうモニターを使いながら、目で見て分かる、分かりやすい形で説明していくのが非常に重要だと思います」と賛同した。

すると、山本氏が購入断念をした「移動式大画面（モニター）付五〇〇〇万円トラック」を勧められた玉木氏は「（金庫番の）幹事長の決裁がおりれば」と前向きに購入検討を進めるとも宣言したのだ。

この時に玉木氏が例えた（仮想した）のがさだまさしとスガシカオの合同ライブ。「全国ツアーを続ける山本氏の街頭記者会見に、五〇〇〇万円トラックに乗った玉木氏が合流、大画面モニターの前で一緒にマイクを握る」という光景が出現する可能性が出て来たのだ。そこに志位委員長が駆け付けても全く不思議ではない状況に行き着いたのだ。

しかも野党第一党の立憲民主党にも山本氏の主張に賛同する議員はいる。減税研究会の初回会合には、「消費税廃止」を訴えて当選した石垣のりこ参院議員を含む現職議員三名が参加。不参加だったものの、若手議員の中谷一馬衆院議員らは、山本氏と一緒に消費税廃止をしたマレーシア視察をした。「消費税五％減税」を旗印に野党結集して次期総選挙で政権交代を実現しようという山本氏の提案は、永田町でも確実に賛同者を増やしつつある。

そんな中で注目されるのが、「野党第一党の立憲民主党の枝野代表がいつ、どういう形で山本氏の〝ボール〟を投げ返すのか」ということだ。山本氏が台風の目となった永田町から目が離せない。

3　山本代表が大分街頭記者会見で涙ながらの反論

「偽善者」「利口ではない」「しょせんタレント」と誹謗中傷する質問に

山本太郎・れいわ新選組代表の全国ツアー第二弾九州（二〇一九年一〇月一五日〜二八日）の最終日、

大分駅前での街頭記者会見の雰囲気が突然一変した。マイクを握った途端、「あなたは偽善者だ」と攻撃的質問を始めた高齢男性が、参院選で障害者に二人が当選する一方で山本氏が落選したことを問題視。山本代表の当選を最優先にすべきだったとして「順番が逆」「格好つけている」「利口ではない」などと繰り返し批判、最後はマイクを地面に叩きつけたのだ。

その間、山本氏は何とかコミュニケーションを取ろうとしたが、質疑応答がかみ合い始める前に高齢男性が物に怒りをぶつけて、立ち去ってしまったのだ。

それを見た山本氏は「器物破損ですよ」「今、あなたが投げたマイクはみんなが献金をしてくれて買ったマイクなのです」などと抗議した上で、質問者不在の中で問い掛けに答え始めたのだ。

山本氏（高齢男性は）「どうして、あなたが受からずに障害者を受からすような格好付けをやるのだ。あなたが国会にいないと意味がないでしょう」というお話をされていたと思います。そういう見方もあると思います。私が国会議員になれずに、障害者、重度障害の方を二人送り込んだことに対して「あざとい」という言葉を投げられた方もいました。「あざとい」ということは何ですかということです。「あざとい」ということは、国会の中で確実に動くような人材を送り込みたい。これが一つ。動いたじゃないですか、確実に。（拍手）国会のバリアフリー化。それだけではなくて、いま二人は重度障害の方々が働けるように学校で学べるように……。これは、働けないのですよ。学べないのですよ。国から補助が出ないのですよ。どうしてかって、基本的に「障害者は家にいろ」という考え方なのです。それを、重度訪問介護というサービスを使えるように、広げるように動いているのがお二人なのです。だって、もうパラリンピックが来るのでしょう。障害者の権利条約を批准しているのでしょう。いま、この国にははっきり言って、障害者の権利条約を批准した責任を果たせていないし、パラリンピックをこの国に呼ぶような資格はまだないですよ。それをやっぱり当事者の方から言ってもらうというのが一つ。

もう一つ重要なことは何か。ただでさえ、生き辛い世の中ではないかということですよ。生産性で人間の価値が測られているでしょうと。「会社でどんな役に立っているのか」「この国の役に立っているのか、あなたは」と常に問いかけられるような社会じゃないか。何かしら利益を産み出さなければ、生きていていいとなかなか思えない社会ですよ。「死にたい」「消えたい」。そんな社会の中で生きているなんて、地獄ではないですか。

これを変えるためには、私は生産性で物事を語らせないということをしっかりと議論してくれるというような人たちに（国会に）来てもらう必要がある。それにはまず見た目に生産性が、「一見生産性がなさそうだよね」「あんな人たちを送ってどうするの」と言われるような人たちを（国会に来てもらう）。でも、とんでもない。無茶苦茶生産性は高い人たちですよ、お二人は。事業所の副社長をやっている船後さん。施設から一人で障害者が自分の地域で暮らせるようにしていった木村さん。こういう方が国会に入ることによって、生産性で人間の価値を決めさせないということを進めていくという（社会を止める）。本当に、ある意味、国会の中にミサイルを撃ち込んだのと一緒ですよ、ハッキリ言って。（拍手）「人間を切り捨てるような社会を止めようぜ」という火蓋を落とすためには、この才能溢れるお二人は絶対的に必要な人材なのです。私はそう思っているのです。

なぜならば、人間の価値を生産性で測るような社会が加速していったら、人間が生きている期限を決められるような社会になるということです。「あなたは役に立っていないから、まだ生きるつもりなのですか」と。高齢社会が加速して行った時に、「寝たきりじゃないか」「あなたのせいで、みんながコストがかかるのだよ」というような社会になりかねないことを危惧しています。

そういう発言をされている政治家もいます。副総理です。麻生副総理。二〇一六年六月、北海道小樽市での自民党の集会で「九〇歳になって老後が心配だとか、訳の分からないことを言っている人がテレビに出ていたけれど、『おまえ、いつまで生きているつもりなのか』と思いながら見ていました」ということを言うのです。自分はいつまでも生きていられるでしょう。高度な医療を受けながら、明日のことを心配せずに代々続いてきたお金で。でも、そうではない人たちに対して、どういう人が社会を作っていくのかというと、命の期限を決められると思っていますよ。「いつまで生きているつもりだ」って。

今でさえ、「おまえ、生きている価値があるのか」という中で生きている人がたくさんいるのではないかと。年に二万人以上が自殺する現実について、「どうして、こんな世の中なのか」とみんなで考える時期に来ているのではないか。一年に五〇万人以上が自殺未遂をしている。このことに関して、世の中が壊れている、社会が壊れているって、みんなが思わないといけない瞬間ではないかって。そう思えない状況にある人が一杯いるじゃないか。なんでか。長時間働いて、政治に対して、世の中のことに対して、考える心のスペース、全く残っていない人たちがいっぱいいるのではないか。

だから諦めたり、五〇％以上の人たちが票を捨ててしまうのでしょう。思うつぼじゃないかって。生産性で人間の価値が測られるなんてことがもう既に始まっている。切捨てられているじゃないか。非正規って働き方、考えてみて。半年後の自分、一年後の自分をイメージできるような働き方ではないですよ。企業がその労働者に対して責任を負わなくていいという働き方を、労働者の四割までに広がってしまっているのでしょう。

非正規の人たち、どんな状況にされているのかって。自分で家を持てない人が一杯いますよ。ネットカフェ難民、東京都で調べがあった。ネットカフェ難民の四人に一人が家がない人だった。その四人に一人が家がない、ネットカフェを家にしている人たちの七割は非正規労働者ですよ。なんで、こんな世の中になるねん。みんなが政治を諦めて、政治を諦めない人たちがこの国をコントロールしてきたのだろうって。

政治をコントロールしてきた人は誰？　自分たちの議員を送り続けた人たちは誰って言ったら、企業側だよって。三割ですよ。三割ですよ。全有権者の三割の票を集めるだけで、企業側が最大限得をするようなことを全部決めて、やれるのだと。政治に関心を持てない。関心を持たないことによって、自分で自分の首を絞め続けていたのですよ。

ここまで障害者二人を特定枠を使って優先して当選させた理由について説明をした山本氏は、芸能人から政治家になったきっかけも語り始めた。

芸能人から政治家になったきっかけ

山本氏　こんな地獄のような国になっていることを私は知らなかった。一六歳から芸能界に入って、一回も経済的にこけたことはないのですよ。失敗をしたことがないのですよ。安定していたのですよ。でも自分の周りはどうだったのか。ロストジェネレーションですよ。知らなかった。

大学を出たら、いい会社に入れるって、それで安泰な人生だと言われていた時代ですよ。でも、社会に出たら違った。何が起こったのかというと、九七年に消費税五％に上げた途端、日本の経済が傾いたでしょう。世界の通貨危機が起こったでしょう。それでどうなったのかと言うと、次の年から二〇年以上のデフレを本格的に始める年になったのですよ。で、みんな就職が出来ない。就職が出来なくなってどうなったのかと言うと、初めて就いた職が非正規、アルバイト。そこから、いつ正規になれるのですか。いつ正規になれるのですか。景気が持ち直して正規になれるのは、新卒でしょう。そんな地獄みたいな思いをしてきた世代が今も苦しんでいるということに気がついたのが、僕は大人になってからなのですよ。

（涙ながらに）悔しいな。（拍手）（マイクを投げた）あの人にも分かって欲しいのですよ。申し訳ないけれども、あの人だってどう見ても裕福な人ではないでしょう。（涙声で）決して裕福でない人たちが、裕福でない者同士で石を投げ合ってどうするのですか。分断に加わってどうするのですか。結局、見過されるのそれを決めた政治、大企業じゃないですか。「政治で変えられるのだ」ということなのですよ。それを放棄して、どうするんだよ。

いつまで持つのだよ、あなたのラッキーは。いつまで持つのだよ。あなたはいつまで勝てるのですか。親がよっぽど金持ちなのですか。海外に資産を逃がしているのですか。あなたが、勝ち続けられるような約束のない世の中なのだから、あなたが丸腰でも生きているような世の中にするしかないじゃないか、政治を使って。（拍手）

私は不安しかないですよ、将来に。いま党代表、出来ていますよ。でも先は分からない。私だって生活困窮に足を踏み入れることがある。あるかも知れない。その時に真っ先に国が手を差し伸べてくれて、行政が助けてくれるような国になって欲しいよ。だから変えたいんだよ、ってことですよ。自分のために変えるのだ。みんなのためでもあるけれども。自分のためにやりたいということですよ。

自分勝手でごめんね。自分にはそんなに自信がない。スーパーマンではない。芸能人だった。でも今は芸能人じゃない。芸能界に戻れるなんか思っていない。「竹中平蔵、ろくでもない」とか、「経団連がどうした」と言っているような人間が、散々言って来た人間が「東電を潰せ。国有化だ」とか「原発を全部国有化してしまえ」とか言っている人間を芸能界に戻してもらえるような甘い社会か、ということですよ。ありえない。

実は「山本太郎が親友」というロンブー淳さんは「環境エネルギー政策研究所」の飯田哲也所長との対談で、山本氏が福島原発事故後に原発反対を言い始めて芸能界を干されていったことについて、

「僕も飯田さんと対談して干されてしまいますか」と聞いたことがあった。それほど芸能界では政治的発言がタブーになっているといえる。芸能界人生にピリオドを打ち、退路を断って政治の世界に足を踏み入れたのは間違いない。

大企業（経団連）の利益を最大化させる政治を生活者の手に取り戻す

山本氏　じゃあ、変えるまでやるしかないじゃないか。「変える」という希望を見せてくれる皆さんがいる限り、続けるしかないでしょう。変えたいのだよ。こんな嫌な社会にしておきたくないのだよ。

究極はね、いま発言をいただいたような方みたいな形で、一番嫌な言葉かも知れない。努力しなくても生きていける世の中にしたいのです。それさえも許されるような世の中にしたいのですよ。頑張っているって何ですか。人によって頑張りは違うじゃないですか。あなたの人の頑張りと他の人の頑張りを同じラインで決められますか。無理ですよ。人それぞれだって、頑張れる時もあれば、頑張れない時もある。しかも、みんな頑張りすぎているじゃないかってことですよ。これ以上、人間を壊す社会を止めなかったら、みんなやられるということですよ。ゴメンナサイね、ゴメン。

政治をコントロールした結果、いったい、どうなったのかということをお話させて下さい。全有権者の三割だけで政治をコントロールできてしまう。国会議員の多数派を作れるのですよ。全有権者の三割で実現したのが大企業、経団連を例に見ていきます。

あなたの生活が苦しいことをあなたのせいにされていませんか、ということです。経団連、日本経済団体連合会、大企業が一〇〇〇社以上も連なっているような連合体、そこが進めてきたことは何か。政治に対して命令を行う。提言という名の命令を行う。派遣法の改正改悪。入口はどこだった。中曽根（政権）の時代。小さいところに穴を開けて、特別なところしか当てはまらないと言っていた。でも拡大した。

製造業まで広げたのが小泉・竹中。さらに、そこから改悪されていくようなことが今もずっと続いている。これをやって得するのは誰？　これをやって首が絞まるのは誰？　この中に得をした人はいる？　首しか絞まっていないよ。でも、それが作れるのですよ。どうして？　多数派だから。全有権者の三割、三割を手に入れるだけで企業側が得をして人々が泣くようなことを前に進められるのです。それが政治、それが選挙。

続いて外国人労働者。二〇一八年の終わりの国会で通った入管法。平たく言ったら何か。安い労働力を大量に、この国に長期間いられるようにするというもの。それによって首が絞まるのは誰？　得をするのは誰？　得するのは雇う方でしょう。首が絞まるのはあなたかも知れない。あなたの周りの人かも知れない。そして、もう一つ首が絞まるのは、外国から連れて来られた労働者ですよ。今でさえ、日本人の六割の労働環境が守れていない上に、外国人なんて奴隷労働のようなことをさせられているじゃないですか。パスポートを取り上げられて、タコ部屋に押し込まれて、朝早くから深夜まで労働をさせられて、残業代が一〇〇円とか。アメリカの国務省も国連からも「非人道的な扱いだ」ということを、毎年非難されている。

そんな状況をもっと拡大させて長期間にしたらどうなるのか。日本国内で分断が起こりますよ。対立が起こる。日本でもともと働いていた人たちと、外国から訪れてきた人たちの間で、「あいつらがいるから、おれたちの仕事がないのだ」「あいつらがいるから俺たちの給料が下がっていったのだ」「あいつらがいるから私たちの労働環境が悪化していくのだ」みたいな衝突や分断が行われて、戦う相手を見間違うわけですね。それを求め続けた経団連や、これを決めた政治家たちに対して、突き上げるということもされないということですよ。

誰が得をするの？　誰が損をするの？　「保守」を名乗りながら自分の議席を守るために企業側に最大に恩返しをする。儲けさせるためには労働者をもっと安く働かせられるようにするためだけにやるなんて「保守」とは呼ばないのだよ。「保身だ」ということですよ。いつまで保身の議員たちを応援し続けるのだって。「仕事でつながっているから」「地元でお世話になったから」「昔からの付き合いがあるから」。そんなことで世の中をどれだけぶっ壊してきたのだよ。

私もぶっ壊してきた人間ですよ。それに気がついたのが原発事故。原発事故が起きた時に気がついた。これを爆発させた。これの責任の一端は私にもある。そこから知った労働環境の破壊、そして、この国の貧困。すべて何があったのかって。こんな地獄みないな世の中があったということを初めて知った。三〇を超えてから。恥ずかしかった。

そして怒りに震えた。自分は何もして来なかったから。何も言って来なかったから。企業側にマイナスになるようなことを言ってしまったら、もう自分、テレビとか映画とか出られなくなるのではないか、ということです。テレビをつけたらコマーシャルが流れている。テレビ局に企業からお金が入っているから、コマーシャルがあるのでしょう。新聞を開いたら広告が載る。全てのところには、核心まで踏み込めない何かがあるということですよ。スポンサーには逆らえない。でも世の中に広がっている地獄を見たときに、この地獄を作り出した自分自身だ、本人だということに怒ったのですよ。じゃあ、何をするかって。直接言いに行こうと思ったのです、何もして来なかったので。それを「いい格好し」と言われても困る。それが私なのです。そうしたかったということです。

「あなたは利口ではない」と言われた。当たり前です。利口だったら、そんなことをやるのかよ。黙っているよ、利口だったら。でも堪え性がなかったのですよ。そういう話なのです。

4　日韓関係悪化でも存在感が光る山本太郎代表

戦後最悪の事態に陥った日韓関係でも山本氏の存在感は光った。経済産業省が二〇一九年七月一日に韓国向け輸出管理強化を発表すると、韓国の文寅在政権は「徴用工問題の報復措置」「加害国なのに盗人猛々しい」と猛反発。韓国国民の間にも日本製品不買運動が広がり、訪日韓国人観光客も減少、日韓交流イベントの中止や延期なども相次いだ。

これに対して安倍政権は「徴用工問題と輸出管理強化は無関係」と釈明しているが、世耕弘成・経産大臣のツイッターや安倍首相の発言内容は報復措置であることを示唆するもので、実質的な参院選期間中でもあったことから、「安倍政権はこんないやらしいことをして得票を増やそうとするのか」(エコノミストの藻谷浩介氏)という声が上がるほど。韓国側が「経済的報復」と捉えて、国民をあげて安倍政権(首相)への反発を強めたのは当然のことだった。

それでも安倍政権は二〇一九年八月二日、韓国に対して輸出管理上の優遇措置を受けられる「ホワイト国除外」を閣議決定した。報復第二弾と受け取った韓国大統領府は深い遺憾を表した上で「今後、日本の不当な措置に断固たる姿勢で対応していく」と表明、さらに態度を硬化させた。そして八月一二日、文政権は日本を「ホワイト国」から除外することを発表した。日韓両政府の対立はエスカレートしていったのだ。

そんな中、参院選で二議席獲得をして躍進した「れいわ新撰組」代表の山本太郎・前参院議員は閣議決定前日の一日、新宿駅西口で街頭演説(会見)を行い、安倍政権(首相)の対韓強硬姿勢を「小学校高学年くらいの考え方は止めましょう」と一刀両断。日本にとって韓国は年間六兆円も輸出するとも指摘しながら成熟した国としての紳士的対応を求めたのだ。

「『日韓関係が悪化して喜ぶのは誰だ』ということです。アジア諸国に対してあまりいい感情を持っていない人たちがいるのは知っています。けれども『国の場所は動かせない』ということです。同じ町内に自分の苦手とする人がいて『我慢がならない』と引っ越しをすることは可能だけれども、国の位置は動かせないのでしょう。だとしたら、うまくやっていくしかないのです。『舐められてたまるか！』『ぶっ潰してやれ！』というような小学校高学年くらいの考え方は止めましょうということなのです。誰も得をしない」

山本氏の特徴は、会場に設置したモニター画面にデータを示しながら説明をすることだ。日韓関係についての聴衆の質問に対して、映し出されたのは日韓両国間の輸出入のデータ。そして山本氏は、感情よりも実益の大切さをこう訴えた。

「日本から韓国への輸出総額は六兆円ですよ。この六兆円がなくなってもいいと思うなら、好きなことを言ってください。でも私は、そのような感情よりも六兆円という利益を大事にしたい。皆さん、どうですか。ナショナリズムを煽りながら『あの国がどうだ、こうだ』と煽りながら、自分たちがやっている政治のマズさにベールをかける。内政の行き詰まりをナショナリズムを使って隠そうとする政治。まさに、今じゃないですか。うまくやるしかないじゃないですか。不当な扱いだというなら、国際社会を通じて訴え続けるしかない」「これだけ大きな取り引きがされているということは切っても切れない。『(日韓関係を) うまいことやれや』ということなのです。うまいことやるつもりがないのなら、政治などやる必要がない」。

山本氏のもう一つの特徴は、ヤジを飛ばした人を「こんな人たち」と言い返す安倍首相とは違って、ヤジを受け止めた上で自論を訴えていくことだ。この日も若い男性が「韓国は死んでしまえ！」というヤジを飛ばしたのに対して、山本氏は俳優時代の韓国滞在経験を振り返りながら、若い男性にも日韓交流を勧めていった。

「韓国は死にません。日本も死なないように。恐らく (ヤジを飛ばした若者は韓国と) 交流がないのでしょうね。私は一六歳から芸能界にいて、いろいろな作品に出ている中に韓国で撮影したものもあるのです。日韓合作映画にも出たことがある。だから撮影期間、韓国にいたことがあります。韓国の映画界の人たちは無茶苦茶、日本映画に影響をされているのですよ。『何の映画を見て育って来たのか』という話になった時に日本の映画人の名前が出てくる。一緒に仕事をしているものとして尊敬しあって仕事をしていく。そういう交流、私は映画という世界だったけれども、交流があれば、(ヤジを飛ばした若者の)気持ちも変わってくるかも知れないですね。文化的交流も必要になってくるであろうし。『韓国死ね!』と言っている人が、この一カ月に焼肉とかキムチとかを食べているかも知れませんが。『ちょっと冷静に行こうぜ』ということなのです。

一番は何かというと、国益のためなのです。そのためには不用意な発言で二国間の間に、亀裂が入ることはしていけない。たとえ相手方がしたとしても日本側はあくまでも紳士的に対処するというのが国際社会のルールです。日本は成熟した国なのでしょう。成熟した国ならば、そのような対応が必要だと思います」。

韓国への紳士的対応を求めた山本氏の立場は、ホワイト除外の閣議決定後も全く揺らぐことはなかった。メディアには韓国に批判的な発言が溢れ返り、世論調査でも安倍政権の貿易規制を支持する割合が半分以上となり、さらに閣議決定四日後の八月六日には安倍首相が広島での記者会見で、嫌韓ナショナリズムをさらに煽るような発言をした。「(韓国が徴用工問題について)日韓請求権協定に違反する行為を一方的に行い、国交正常化の基盤となった国際条約を破っている」と主張しながら、「日韓請求権協定をはじめ、国と国との関係の根本にかかわる約束をきちんと守ってほしい」「最大の問題は国家間の約束を守るかどうかという信頼の問題だ」と韓国側を強く批判したのだ。

首相発言でさらに嫌韓ムードが強まりそうになった翌八月七日、山本氏は渋谷での記者会見に臨み、日韓関係の私の質問にこう答えた。

「私が疑問に思うのは何かというと、『ホワイト国除外をすることによって得られるものは何なのですか』ということです。獲得目標があって施策を打つわけです。その獲得目標は何ですか」「はっきり言ってホワイト国除外をすることによって、日韓の間柄における輸出入に大きな障害が出来たことは間違いない。『それによって得られるものは何なのか』と言ったら私はマイナスの部分しか見えない。それによって得られる獲得目標を決めていないまま、感情的な決定が下されている。もしくは、国内の行き詰まりの部分をナショナリズムで覆い隠そうとしている部分があるのではないか」「『ホワイト国除外をした末に日韓関係をどういう形にしたいのか。そこで得られる利益をどう最大化できるのか』という説明がセットではないと、理屈が全く通らない。少し前に戻って北朝鮮との関係、アメリカが『(北朝鮮を)ぶっ潰す』的なことを言っている時に後ろから日本側もやいのやいのと言っていました。それによって得られたものはあったのか。『圧力をかける』と言い続けて結果、得られたものは何だったかと言うと、『蚊帳の外だった』ということです。

世界的な外交のルールとして、あくまでも紳士的な対応を続けることが大原則だと思います。こちら側が紳士的に対応を続けることによって、どちらが正しいのかを世界的な機関に判断をしていただくチャンスはあると思う。あくまでも国益を守るために、そのような行動、決定をし続けないといけない。六兆円に及ぶ日本からの輸出に歯止めがかかったり、訪日観光客数も韓国は全体の二割。これは非常に大きい。国内消費が弱っている中、その消費の一部を支えてくれているのは（訪日）観光客であるのは間違いありません。その二割に影響を及ぼすようなことを、最終獲得目標も決まっていない中で、そのような振る舞いをすることは国益を毀損するものであろうというふうに思います」。

エコノミスト藻谷浩介氏が国益毀損の安倍外交を批判

思わず、「安倍首相と山本氏のどちらが日本国の舵取り役に相応しい度量の持ち主なのか」と考えてしまうほどだが、日本の国益を毀損することはベストセラー『デフレの正体』『里山資本主義』の著者でエコノミストの藻谷浩介氏も指摘していた。データ（統計）を元にアベノミクス批判をすることでも知られる藻谷氏は、「韓国に対して日本は世界各国でトップ五位前後の黒字をずっとあげている」と指摘、二〇一八年の韓国に対する日本の黒字額をあげた。

・「旅行黒字（観光＋出張）」　四三一九億円
・「輸出入の貿易黒字」　一兆三九六五億円
・「日本の経常収支」　一兆九四〇四億円
（特許料や配当なども足した黒字額の合計）

全国各地で年間一〇〇回以上の講演を続ける藻谷氏の〝定番ネタ〟は、日本の黒字国と赤字国を列挙すること。最大の赤字国が原油を輸入する中東産油国である一方、最大の黒字国はアメリカの一二兆円で、次いで中国と香港を足した六兆円、台湾の二・二兆円、そして韓国と続く。旅行黒字と貿易黒字の両方で日本が儲けさせていただいているのが韓国ということなのだ。

数字を紹介した上で藻谷氏はこう続けた。

「相手（韓国）をやっつけると言っているけれども、身内を傷つけているのです。現実に売り上げが一割二割下がる人は一杯いるわけですから。誰が得をしているのかと言うと、国内では対韓強硬姿勢の安倍外交にスカッとした人。かゆいところに掻いた瞬間だけスカッとするけれども後から血が出るようなものです」

日韓関係悪化による経済的損失が直撃しているのは、外国人入国者のうち約半分が韓国人の九州だ。福岡空港にはソウルなどからの直行便が一日に約二〇便就航、博多港と釜山を行き交うフェリーを利用する韓国人も少なくない。

しかし安倍政権が韓国への貿易規制に踏み切った二〇一九年七月以降、右肩上がりで増えてきた韓国人観光客が一気に減少に転じたというのだ。

訪日韓国人減少は数字にも現れていた。釜山と博多港の間を三時間で結ぶ高速船「ビートル」は七月の実績は約一五％減で、「八月は約四割減の見通しです」（JR九州高速船）という。

訪日外国人に日本の旅館などを紹介してきた観光コンサルタント会社社長は、こう話す。

「反日ではなくて反安倍（政権・首相）で、若い世代にも広がっています。韓国への経済的報復に踏み切った安倍政権に対して『どうすれば打撃を与えることができるのか』と考えて、日本製品不買運動や訪日観光自粛を呼びかけている。それで日本好きの人までが〝空気〟を気にして訪日を控えるようになったようです」

博多港に近い韓国料理店は「以前は韓国の観光客が来ていたが、客数が五割減となった」（経営者）と悲鳴を上げていた。しかしメディアの取材に実情を訴えたら、「韓国に帰れ！」という嫌がらせ電話がかかってきたという。「今まで何回も日韓関係が悪化、その度に売上が減ったが、今回は長引きそうで困っている」（同）。

免税コーナーがある大手百貨店も同じ状況。「一昨年（二〇一八年）、去年（二〇一九年）と右肩上がりで伸びて来たが、二〇一九年七月の韓国人の売上は、前年同月に比べて二五％減。中国人が前年並なので、日韓関係悪化が売上減の原因でしょう」（従業員）。

宿泊者数も激減していた。九州を訪れる韓国人に人気ナンバー1の観光地は大分県湯布院温泉だが、温泉旅館「牧場の家」女将の浦田祥子さんはこう話す。「客室一二棟のうち半分ぐらいが韓国の方でしたが、七月に入って急に減り始めて、八月は一割以下になってしまいました。韓国の方の予約のキャンセルも相次ぎ、新規の予約もほとんど入らなくなりました。以前は一二棟すべて韓国の方という日もありましたが、今は一日に一組入るかどうかの状態です」

牧場の家は外国人宿泊者が約七割と日本人よりも多く、しかも韓国人の全体の半分（外国人の約七割）と一位だったが、急に五分の一以下に激減したというのだ。

韓国語を独学中で「韓国大好き」という浦田さんはこう続けた。「韓国人観光客が日本での写真をSNSに載せたら批判されるという話はよく聞きます。それで『写真は撮るけれどもSNSには発信しない』という韓国の方もいます。なぜ私たちはお互いに楽しく話が出来ているのに、国同士はこんなに最悪の事態になるのでしょうか。湯布院全体として韓国に『私たちは何も変わっていません。お待ちしています』というメッセージを送りたいと思いますが、今は個人的にSNSで出来る限りの発信をしています。一日も早い日韓関係改善を望んでいます。再び日本に気軽に来れる雰囲気にして欲しい」。

先の観光コンサルタント会社社長は「一五年間積み上げてきたものが一気に崩れた」と悔やんでいた。「ビジット・ジャパンがスタートした二〇〇三年当時、湯布院を訪れる外国人観光客は一％未満でしたが、いまや七割。旅館で一生懸命おもてなしをして韓国人の人気第一位になったところに、何も悪いことをしていないのに政治のとばっちりを受けて激減してしまった。地域経済にも大きなマイナスです。日本のフッ化水素を調達しているサムソンなどの社員が、福岡経由で湯布院を訪れてお金を使うので、地元食材の需要が伸び、旅館の増改築の仕事をする工務店の仕事も増えていく。日本からすれば、韓国は二重の意味でお得様なのです。日本の材料を買ってもらった上に、輸出企業の社員が稼いだお金を日本で落とすからです。観光業関係者は『政治と経済を区別して影響が及ばないようにして欲しい』と思っています」。

対韓強硬姿勢を続ける安倍政権は、実害を受けている観光業者の声に耳を傾けるべきだ。

もう一つの国益毀損──製造業への影響

約一兆四〇〇〇億円の貿易黒字を出している製造業への影響も深刻だ。製造業関係者が懸念するのは「レアアース輸出制限に踏み切った中国の二の舞になる」ということだ。尖閣問題での対日報復策として中国は二〇一〇年、レアアースの輸出制限に踏み切ったが、中国に依存していた日本のメーカーは一斉に代替ルートを探したり、レアアース使用量の少ない製品開発などに取組んだ。その結果、損失を被ったのは中国の方だった。同じように韓国に対する今回の輸出規制強化で、日本のメーカーが損失を被る可能性は十分にあるのだ。

半導体分野で世界一のサムスンや有機ELで世界一のLG（両社とも韓国企業）などを含む世界の最先端企業が、「日本は自由貿易と言いながら政治的問題を貿易に絡めてくる。そんな国の企業に部品や材料を過度に依存するのは危険だ」と考えても不思議ではないからだ。

これを元経産官僚の古賀茂明氏は「ジャパンリスク」と呼び、神経回路に例えていた。

「世界中に張り巡らされたサプライチェーンの中で、日本が韓国との関係を断ち切ろうとしている。神経回路の一部が損傷した時には他の部分が強化されて修復していくのと同様、製造業の国際的協業でも日韓以外の部分、例えば、中国や台湾などと韓国との関係が強化されていくでしょう。もちろん短期的には韓国もダメージを受けるかも知れないが、大打撃を被るのは蚊帳の外で技術進歩から取り残される日本メーカーの方です。対韓強硬路線の〝安倍外交〟は国益を損ねる一方、中国や台湾などを儲けさせることになるのです」（古賀氏）

対韓強硬外交の弊害を製造業界が分かっていないわけではない。精密機器メーカー幹部は野党国会議員に「日韓関係を何とかして欲しい」と吐露したかと思えば、先の藻谷氏に「韓国への輸出減で大変だ」という実情を伝えた企業経営者もいる。「韓国への輸出で儲けているメーカーはどこも同じでしょう」（藻谷氏）。

いま家電量販店は、有機ELの大型テレビ購買キャンペーンをしているが、日本で売っている有機ELはすべて韓国製だ。日韓関係悪化がさらにエスカレートして万が一、韓国が供給停止をしたらLGの損失はもちろん大きいが、日本の家電メーカーは大打撃だ。古賀氏はこう続けた。

「安倍政権は『そんなことはできないはずだ』と思っているかも知れないが、単なる損得勘定に留まらない恐れも出てきています。徴用工や慰安婦問題は先の大戦のことですが、韓国側は『一〇〇年前に始まった植民地支配を反省していない』『心からの謝罪をしていない』とさらに遡って安倍政権の姿勢を問題にしようとしています。『韓国が日本の植民地になって主権を失った「屈辱の歴史」を忘れるな』という韓国民の尊厳をかけた歴史的闘争になりつつある。外務省は今でも『（日本が韓国を植民地にした）日韓併合は合法』という立場です。『日本は加害者であったことを忘れている』と韓国側から批判されることはいくつもあります。だから韓国側が謝罪をすることはありえない。安倍政権が振り上げた拳を下ろすような事態になることも考えられない。今は韓国のマスコミも野党も『反安倍』ではまとまっている。このまま日韓両政府の対立が激しくなっていく恐れは十分にある」（古賀氏）。

藻谷氏も危機感を募らせていた。「今回、官邸と経産省が外務省を蚊帳の外にして暴走、戦前の軍部のような形になってしまいました。今回のことで安倍政権に快哉をあげている人たちは、日本経済が損失を受けることを分からずに言っていて、責任を取る気もない。『メーカーや観光業者の売上が減った分を補填する気があるのなら、（安倍政権に）快哉を叫ぶのは許す』ということです。感情に流されることを放置しておくと、戦前に戻ってしまう。『民主主義だから国民感情に奉仕すればいい』ということは、『社員感情に奉仕すればいい』と言っている会社社長のようなもので、お客さんにも目配りをしない会社は潰れます」(藻谷氏)。

安倍政権はアベノミクスの成果として訪日外国人観光客の増加を挙げ、二〇一九年夏の参院選でも菅官房長官が「各地域に一大産業が誕生、地方の地価も上昇に転じた」と訴えていた。しかし、その経済的効果を台無しにする愚かな自虐行為を始めたと言っても過言ではないのだ。

ただし先の観光コンサルタント会社社長は、「日韓関係が改善すれば、再び韓国人観光客は増えて来る」と予測もしていた。「日本と韓国の間でLCCを飛ばしているのはほとんど韓国企業ですが、一時的には中国便などに振り替えると思います。その結果、日本に行く人が減って中国やベトナムやシンガポールなどに行先を変えることになるでしょうが、『日本の観光地は独特の魅力がある』とみんな言っています。街も宿も食材も他の国とは違う。だから日韓関係が改善、日本に行くと批判される空気感が変われば、訪日韓国人が再び増えるでしょう」

「勇ましく戦えば最後は大勝利」という戦争漫画の読みすぎと疑いたくなる安倍首相の対韓強硬外交が、日本の国益を毀損しているのは紛れもない事実だ。そんなナショナリズムを煽る安倍政治に対して、山本氏は韓国への紳士的対応を提唱している。参院選の勢いをそのままに野党陣営のリーダー的な存在感さえ漂い始め、政権批判を厭わない古賀氏や藻谷氏ら有識者の知見をすでに吸収して〝理論武装〟、データを元に本格論戦を交わす態勢も整っている。日韓関係悪化をめぐって山本氏がどんな論戦を挑んで、改善の糸口を見いだせるのかが注目される。

5　山本太郎代表が応援演説をした京都市長選

共産党とれいわ新選組が推薦した福山和人弁護士が現職の門川大作市長（公明推薦、自民・立民・国民・社民の府連推薦）に約五万票差に迫った「京都市長選」（二月二日投開票）で、安倍政権打倒に向けた最重要課題を浮彫りにする光景を目の当たりにした。山本太郎代表が三度目の京都入りをした二〇二〇年二月一日、最後の街宣場所に「立憲」と「れいわ」のプラカードを並べ持つ女性がいたのだ。

立憲民主党のコアな支持者の吉村直子さんで、福山哲郎幹事長（参院議員）が二二年前に初当選した時に応援して以来の支持者だったが、今回の京都市長選で立民府連が自公推薦候補に相乗りしたことに怒り、「立民とれいわは共闘（選挙協力）して欲しい」との思いを二枚のプラカードに込めたというのだ。

「京都市長選では国政とねじれてしまいましたが、次期総選挙では両党の共闘を願っています。立憲とれいわが野党共闘とならずに国政で競合した場合、共産党とれいわの方を選ぶと思います。そうならないように、山本代表が野党共闘の条件としてあげる『消費税五％減税』を立憲が受け入れて欲しい。立憲に対する熱が冷めた理由は、京都府知事選と市長選での相乗りです。福山和人さんは政策が素晴らしいのに、立憲は相乗りで現職を推した。それが一番腹が立ちます」（吉原さん）

今回の京都市長選では、政党基礎票では現職の門川氏が合計五〇・三％（自民三四％、公明四・一％、立民七・五％、国民四・二％、社民〇・四％）に対して、新人の福山氏が一四％（共産一一・七％、れいわ二・三％）と三倍以上の差をつけられていたが、蓋を開けてみると、門川氏の約二一万票に対し福山氏が約一六万票と五万票差にすぎなかった。

この圧倒的な差を乗り越えて善戦をした原動力は、三度も京都入りをした山本太郎代表に違いない。特に若者世代に人気のある山本氏の支援で福山陣営は「若者票を取り込める」と見ていたが、出口調査の数字にもはっきりと現れた。一八歳と一九歳の出口調査は、福山氏が門川氏を上回る結果となったのだ。中高年に比べて若者世代の自民党支持率が高い全国的傾向がある中、今回の京都市長選では逆転現象が起きていた。山本氏の熱弁が保守化した若者票を切り崩したとみえるのだ。

しかも支持政党なし（自民三四％に次いで二番目の二八％）の出口調査でも、福山氏は三八・七％と門川氏の二六・七％と村山氏の三〇・六％を上回った。現職批判票が新人二人に分散したため、門川氏は逃げ切ったものの、安倍政権打倒（政権交代）に向けた貴重な教訓を残したともいえる。「参院選一人区のような与野党激突の構図で〝れいわ旋風〟を取り込めば、自公系候補を打ち破ることが十分に可能」という勝利の方程式を指し示したといえるからだ。

今回の京都市長選でも野党第一党の立民が福山氏支援で共産とれいわと足並みを揃えれば、自公推薦の現職に勝利した可能性は高かった。同じように次期衆院選でも、「消費税五％減税」を立民が受け入れて野党共闘（選挙協力）が実現すれば、野党統一候補が自公系候補に競り勝つ小選挙区が急増するのは確実だ。吉原さんが「立民」と「れいわ」のプラカードを並べて掲げたのは、両政党が同士討ちを回避して共闘、安倍政権打倒をして欲しいとの思いが込められていたようなのだ。

門川氏に当確が出たのは、二月二日の二一時四五分。ホテルで開票を見守っていた支持者から歓声と拍手が沸き起こり、近くで待機した門川氏がすぐに会場に現れ、万歳三唱をした。選挙母体「未来の京都をつくる会」会長の立石義雄・京都商工会会頭と西脇知事らと握手を交わしていった。そして本人挨拶や代表取材や個別取材と続いたが、「共産党の市長は『NO』」と銘打った新聞広告への釈明や謝罪はなかった。そこで再び門川氏を直撃、ヘイトスピーチ紛いなどと批判された広告について聞いたが、無言のまま立ち去った。

内容について了承しないまま顔写真を掲載された西脇知事にも聞いたが、一言も返って来なかった。共産推薦の福山氏を念頭に「市庁舎に赤旗が立ってはいけない」と繰り返し訴えた立石氏も直撃、「赤旗が立ったところは一つもない。虚偽発言ではないか。根拠はあるのか」と聞いたところ、「もう終わったことだ」と答えるだけ。「勝つためには法律違反（虚偽事実流布を禁じる公職選挙法違反）をしてもいいのか」と再質問をすると、それ以上は何も答えずに会場を後にした。「門川陣営は無法集団、犯罪容疑者軍団なのか」といった疑問が湧いてきたのはこのためだ。

〝巨大戦艦〟のような自公推薦候補は三野党の支援も受けつつ、公選法違反の疑いのある嘘八百の反共デマ攻撃も使って、ようやく勝利したといえる。今回の京都市長選は、古典的手法しか繰り出せない与党系候補の頭打ち傾向が明らかになると同時に、それを抜き去る「勝利の方程式」（れいわ旋風を取り込んだ野党共闘）を浮き彫りにする意味深い戦いであったようにみえるのだ。

それでは、立民が「消費税五％減税」を受入れるのは難しいことなのか。枝野幸男代表と山本氏の演説を聞き比べると、「大企業や富裕層からもっと税金を取るべき」という点でぴったりと一致。両党が共闘出来ない方が不思議なくらいだ。すぐに「法人税と所得税の累進性強化で税収増をはかり、五％減税の財源とする」という共通政策に落し込むことが出来るようにみえるからだ。

枝野幸男代表は二〇一九年一〇月二〇日、仙台駅前で宮城県議選候補の応援演説で、結党の思いをこう語った。

「アベノミクスという名の下で、たしかに日本を代表する大きな企業、輸出企業は過去最高の利益を出しているのです。国全体が苦しくなっているのだったら仕方がないが、日本の豊かさが一部のところに偏ってきてしまったのが、この間の日本の歩みではないですか。結果的に多くの皆さんの暮らしがずるずるずる後ずさりをしている。これを変えていかないといけない。これが立憲民主党を立ち上げた、私は大きな大きな思いです。だから結党から同じことを申し上げています。お互い様に支え合う社会にしましょう。困った時に寄り添う社会にしましょう。豊かさを分かち合って行こうじゃありませんか」

大きな拍手が沸き起こる中、枝野氏は大企業への課税強化を訴えた。

「皆さん、知っていますか。日本には数は圧倒的に中小零細企業が多いですが、大手の企業が儲かっています。『税金は大手の方が沢山収めていただいている』と勘違いしていませんか。違うのです。資本金一〇億円以上という超大きな企業になると、他の企業に比べて実際に儲けの中から払っている法人税の水準がぐーんと下がるのです。大きな企業にはいろいろな特典があって儲かっても儲かっても税金を納めていないのです。収めてもらおうじゃありませんか。せめて中小零細企業並みに収めてもらうのは当たり前じゃないですか」。

ちなみに山本氏も全国各地での街頭記者会見で、数々の特典による法人税減税を問題視、その穴埋めに消費税増税分が充てられてきた実態（グラフ）をモニター画面に映し出していた上で、今後は法人税増税で消費税減税の財源を捻出することができると指摘していた。枝野氏と山本氏の経済政策の方向性は、見事に重なり合っていたのだ。内部留保を貯め込む大企業に加えて、大金持ちからも税金をきちんと取る点でも両者の主張は瓜二つだった。枝野氏は先の演説で「そして、大金持ちの皆さん」と切出し、こう続けた。

「スポーツ選手とか芸能関係の方とか大活躍できるのは長い期間じゃない。『あまり税率が高いと気の毒だよね』という話もあったりします。でも大金持ちの中でそういう人たちはごく一部なのです。実際、年収一億円を超えると、実際の収入の中から収めている税率がガクンと下がっていくのです。大金持ちほど、金融所得というものが多いのです。株の配当、株を売って儲けたのはいくら稼いでも（税金が）二〇％しかかからない。年収一億円以上の人は、そういう収入の比率が多い。他の収入は四〇％、六〇％かかっても大部分を占める金融で儲けたお金が二〇％しかかからないのだから、実際は税率は下がっていく。スポーツ選手や芸能人が自分の力を活かして努力をして稼いだお金よりも、株の配当の方が税率が低いのはおかしいでしょう。こういうところから税金を納めていただいて、そして困っている人たちに寄り添う政治に変えていこうではありませんか」。

全く同じことを山本氏も指摘していた。横軸が年収で縦軸が税率のグラフを映し出し、途中でピークとなった後に右肩下がりになる〝超大金持ち優遇税制〟の実態を暴露、累進性強化を訴えていたのだ。

「『政権交代が必要なのは、総理が嫌いだからじゃない』（現代書館）刊行記念　枝野幸男さん×田中信一郎さんトークイベント」が開かれた二〇二〇年一月八日にも、両党の共闘は可能との思いを強くした。この本について枝野氏は冒頭で、「私が言って来たことと重なり合っている田中さんの話が書籍化されることで、枝野氏の政策を『『田中さんの話ですよ』と一五秒で語れるようになる」と絶賛。ほぼ「枝野氏の政策＝田中氏の本」という関係のようなのだが、この本の九〇頁には消費税について「二〇一九年一〇月の消費増税には、次の五つの問題があり、いったん八％に戻すことを検討すべきでしょう」と提案、その問題点の一つが「四）総合課税の導入や金融所得課税の強化を優先すべきでした」と書いていたのだ。この「総合課税の導入や金融所得課税の強化」こそ、枝野氏が先の演説で語り、山本氏も訴えていたことでもあったのだ。

そこで対談後の質疑応答で枝野代表に、「なぜ山本太郎代表と会って消費税の話をしないのか」「れいわ単独擁立で野党乱立。政権交代が遠のくではないか」と質問をしたが、報道関係者の質問は出版記念対談にそぐわないとして質疑応答は打ち切られた。

二番目の一般参加者の質問も消費税についてで、枝野氏は「去年の参院選では一〇％に上げることに反対して戦った」と答えたが、「消費税を五％に下げるべきだとか、あるいは廃止すべきだという主張にはなぜならないのか」という再質問に対する回答は聞くことができなかった。

次期総選挙での安倍政権打倒（政権交代）の最重要課題は、れいわ単独で一〇〇人擁立する〝同士討ち〟を回避、れいわを含む野党統一候補を立てて一騎打ちの構図に持ち込むことだ。そうすれば、枝野氏絶賛の田中氏の本にある政策（多くは山本氏の主張とも重なり合う）の実現可能性も一気に高まる。野党第一党党首の枝野氏と、台風の目のような存在となった山本氏の面談が注目されるのはこのためだ。

二〇二〇年二月九日の毎日新聞の書評欄で、安倍首相が最も嫌うエコノミストとも言われる藻谷浩介氏が田中氏の本を「日本再建へ　令和の〝建白書〟」と銘打って紹介し、こう締め括っていた。

「『各人が自己利益の最大化を目指す結果として、経済全体が拡大することも、一定の条件が揃えばありうる』と説いたのはアダム・スミスだった。それに対し、『一定の条件が揃えばありうる』を取っ払い、『自己利益＝部分最適の追求は、常に全体最適をもたらす』という短絡的な教義にして掲げたのが、新自由主義である。この二一世紀型の新興宗教と訣別せねば日本の将来はないということを、本書はあらゆる方面から指し示す。理性的に思考できる一部の与野党政治家の良心に届くことを願うばかりだ」。

次期総選挙は、二一世紀型の新興宗教である新自由主義路線のアベノミクスと訣別するのか否かを問う政治決戦といえる。大企業や富裕層の自己利益追及が国民全体に波及していくとする安倍政権に対して、新興宗教と訣別する側の立民とれいわが共闘するのか同士討ちをするのかが、天下分け目の政治決戦を左右する一大ポイントになっているのだ。

あとがき

本書は、クラウドファンディング型ネット番組「横田一の現場直撃」のシリーズ本第一作だ。毎週一回YouTubeで無料公開しているこの番組は、ニュース解説などの動画配信チャネル「デモクラシータイムス」の番組群の一つ。同チャネルの看板番組「ウィークエンドニュース」の収録後に司会の高瀬毅氏（ジャーナリスト）と升味佐江子弁護士と懇談している時に「地方（現場）取材のニュース番組も作ろう」ということで意気投合、翌週から升味弁護士が司会の「横田一の現場直撃」が始まったのだ。

初回は二〇一八年七月二五日で、駆け付けた現場は岡山県倉敷市真備町。西日本豪雨災害で堤防が決壊して死者五一名の大きな被害を出した現地のルポを紹介したのだ。指南役は、「西日本豪雨災害は歴代自民党政権の人災」「国交省の『ダム最優先・堤防強化二の次』の河川政策が原因」といち早く指摘した嘉田由紀子・前滋賀県知事（現・参院議員）。この見方を確認するべく、岡山を皮切りに愛媛や広島の被災現場にも足を運んで行くと、安倍政権の「米国第一・日本国民二の次」の売国奴的姿勢と「人からコンクリートへ」の土建政治回帰を目の当たりにすることにもなった（第6章）。

それ以降も、アベ政治の悪影響や弊害が出ている現場を取材。二〇一九年七月に安倍政権（首相）が日韓関係を悪化させると、韓国人観光客激減で打撃を受けた福岡や大分を訪ねた（第8章）。選挙民への買収疑惑が浮上した「桜を見る会」追及チームの野党議員が同年十二月、安倍首相の地元・下関市を現地視察した時も同行取材をしたのはこのためだ（第7章）。「まずは現場に駆け付けて週一回のネット番組で紹介する一方、関連記事も書いていく」という〝先行投資型の取材スタイル〟を繰り返していったのだ。

目標とするのは、韓国ドキュメンタリー映画『共犯者たち』に登場する韓国の代替メディア「ニュース打破」だ。保守政権時代に退職に追い込まれたテレビ局のジャーナリストらが立ち上げ、政権に忖度しない番組をネット配信。今では、四万人の市民から集めた年間五億円を元に調査報道番組を発信し続けているのだ。しかも、その取材手法はアポなし直撃取材。マイケル・ムーア監督と同じように有名政治家や企業幹部ら要人を待ち構えて声をかけていき、その現場を動画で紹介していく手法である。これを私も「横田一の現場直撃」で実践していったのだ。

二〇一九年夏の参院選では、激戦区の応援演説をした安倍首相や菅官房長官や小泉進次郎・環境大臣らへの直撃を繰り返した。野党幹部とテレビ出演をする直前の橋下徹・元大阪府知事や、安倍首相の応援演説を「嘘ばかり」と一刀両断にした籠池夫妻にも声をかけていくうちに、視聴数は当初の四千から最高四万へと急増（平均では二万から三万）、カンパも集まるようになってきた。雑誌業界の部数減・経費削減・調査報道減少の中、全国各地の現場取材をすることができ、その内容をまとめた本書を「横田一の現場取材」のシリーズ本第一作としたのは、このためだ。

私の直撃取材の原点は、元フライデー契約カメラマンのJ氏との取材。「九州は無法地帯や」が口癖のJ氏は、企画会議を通る前のフライング取材は日常茶飯事。「記事になりそうだと確信したら企画会議前でも駆けつける」がモットーだった。一緒に東国原英夫・宮崎県知事（当時）を六週連続で追っかけるなどの中で、この〝無法地帯方式〟が自然に身についていき、現在に至っている。アベ政治の弊害が垣間見えそうな現場には、雑誌の企画会議通過前（記事掲載内定前）なしでも駆け付ける習慣がついたのは、酒は毎晩飲むが無鉄砲で仕事熱心なJ氏とのコンビ取材の賜物だった。

アベ政治のマイナス面の現場取材と同時に、脱・アベ政治（政権交代）に向けた動向についても取材した。れいわ新選組の山本太郎代表の全国ツアーを追いかけたのは、どの街宣場所でも旧民主党政権交代前夜の盛上りがあったためだ。そして、立憲民主党の枝野幸男代表と山本氏の面談で「消費税5％減税」を野党共闘（選挙協力）の旗印にすることができれば、次期総選挙での安倍政権打倒の可能性が高まるということも実感できた（第8章）。安倍政権打倒の道筋を示すことも、取材目的にしたのだ。

校了直前の五月、米国カジノ大手の「ラスベガス・サンズ」が日本進出を断念するというニュースが入って来た。第2章で紹介した藤木幸夫会長の命がけの阻止宣言が効いたことも一因に違いないが、コロナウィルスの感染拡大でカジノ自体が成り立たなくなった時代に突入した可能性も十分にある。しかし、維新副代表でもある吉村洋文・大阪府知事は「カジノ誘致見直しはしない」と断言。小池知事も検討を止めるとは言っていない。東京都知事選では依然として、カジノ誘致が大きな争点になるのだ。
安倍首相の祖父の岸元首相らが始めた無謀な戦争で、多くの国民の生命が失われて財産が無に帰したのはたった七〇年前のことだ。「第三次世界大戦」とも安倍首相が口にした新型コロナウィルスとの戦いでも、「やっている」感演出と大本営発表を繰り返す口先対策だけの権力者（安倍首相と小池知事）に身を委ねた国民の命運は悲惨で、生命や財産が失われる恐れは十分にある。そんな権力者は交代させるしかないのではないかというのが本書の問題提議なのだ。

二〇二〇年五月末日

著者

[著者略歴]

横田一（よこた　はじめ）

1957年山口県生まれ。東京工業大学卒。奄美大島宇検村入植グループを右翼が襲撃した事件を描いた「漂流者達の楽園」で、1990年ノンフィクション朝日ジャーナル大賞受賞。その後、政官業の癒着、公共事業見直し、国会議員（特に族議員）ウォッチングを続ける。2018年に動画配信の「デモクラシータイムズ」で「横田一の現場直撃」を開始。週1回の配信をしている。

記事の掲載媒体は、「日刊ゲンダイ」「週刊SPA!」「週刊金曜日」「ハーバービジネスオンライン」「データマックス」「IWJ」「政経東北」など。

著書　『検証・小池都政』『シールズ選挙〈野党は共闘！〉』『政治が歪める公共事業』『所沢ダイオキシン報道』（共著)、『イージス・アショアの争点』『どうする旧国鉄債務』、(いずれも緑風出版)、『テレビと政治』（すずさわ書店）『トヨタの正体』（共著)、『亡国の首相安倍晋三』（七つ森書館）などがある。

横田一の現場直撃１

安倍《あべ》・小池政治《こいけせいじ》の虚飾《きょしょく》

——コロナ・カジノ・災害対応

2020年6月30日　初版第1刷発行　　定価1800円＋税

著　者　横田一©
発行者　高須次郎
発行所　緑風出版
〒113-0033　東京都文京区本郷2-17-5　ツイン壱岐坂
［電話］03-3812-9420　［FAX］03-3812-7262［郵便振替］00100-9-30776
［E-mail］info@ryokufu.com［URL］http://www.ryokufu.com/

装　幀　斎藤あかね　　イラスト　Nozu
制　作　R 企 画　　印　刷　中央精版印刷・巣鴨美術印刷
製　本　中央精版印刷　　用　紙　中央精版印刷・大宝紙業　　E1200

ISBN978-4-8461-2012-2　C0031